お金の
増やし方が
ぜんぶわかる!

新NISA(ニーサ)超活用術

酒井富士子 Sakai Fujiko

Gakken

PROLOGUE

はじめに

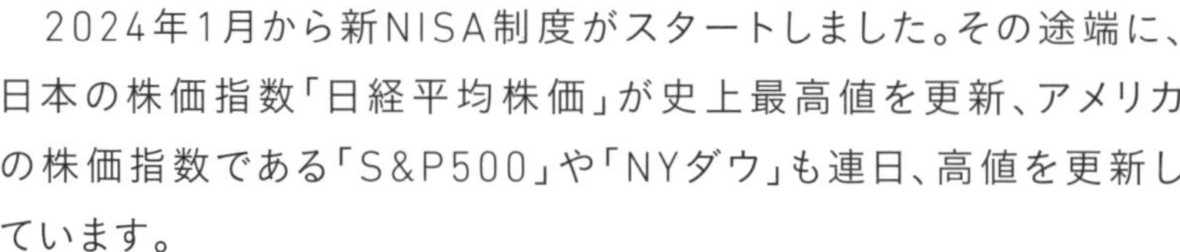

2024年1月から新NISA制度がスタートしました。その途端に、日本の株価指数「日経平均株価」が史上最高値を更新、アメリカの株価指数である「S&P500」や「NYダウ」も連日、高値を更新しています。

そんなニュースを見ると、自分ももっと投資をしなければと、不安になる人もいるでしょう。そんな皆さんにお伝えしたいのは、「人のことは気にしない。自分は自分で、**マイペースで投資をしよう**」ということです。

NISA制度は、国民が資産形成する時に簡単に利用できるようにと政府がつくった非課税がウリの投資制度です。特に『つみたてNISA』創設時にこだわったのが、**「長期・積立・分散」の投資ができる仕組み**づくりです。毎月同じ金額を積み立てていくことで、市場の値動きの上下動を平準化していくのです。この投資法こそが、**投資の王道と言えます**。

新NISAではつみたて投資枠と成長投資枠の2つの枠ができ、投資の幅も大きく広がりました。少しずつ投資の経験を積んだら、両方を使っていけるようにと、今回は、活用術にまで踏み込んで解説したつもりです。

ただ、あせりは禁物です。つみたて投資枠で着実な投信積立をしたうえで、成長投資枠は「自分らしい投資」を実践してみてください。そうすれば、結果はおのずとついてくるはずですよ！

2024年3月1日　経済ジャーナリスト　**酒井富士子**

Character

登場人物紹介

教わる人

まねきミケ子

会社員(32歳)。自営業の夫と3歳の子どもと3人暮らし。つみたてNISAをやっていたが、友人をマネて銘柄選びをしたので、正解なのかやや不安。教育費・老後のお金も心配。

かぶ田クロスケ

ミケ子の友人で会社員(32歳)。会社員の妻と2人暮らし。つみたて投資枠で月3万円積み立てをしているほか、株主優待目的で株を1、2個持っている。今後、もっと積極的に投資にチャレンジしていきたいと勉強中。

教える人

フジコ先生

ファイナンシャルプランナーの資格を持つ経済の専門家。経済ジャーナリストとしての顔も持ち、メディアなどで暮らしに役立つお金の情報を発信している。NISAの悩みを持つ2人に上手な使い方を徹底解説していく。

PROLOGUE 「新NISA」を使えば

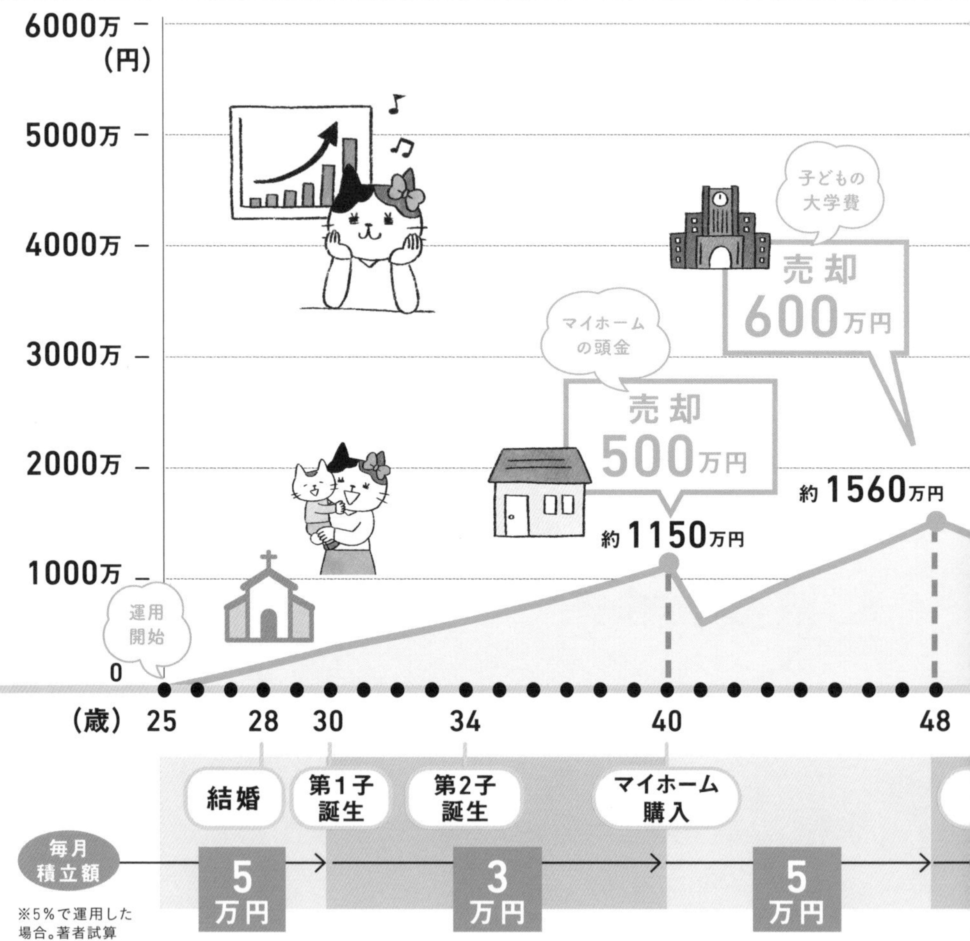

新NISA制度が2024年1月からスタートしましたが、最大のメリットは「恒久化」されたことです。上のグラフは25歳の会社員が、28歳で結婚、30歳で第1子誕生、34歳で第2子誕生という前提で、無理のない範囲でNISAでの積み立てを実践した例です(運用利回り5%)。

その間、マイホーム購入頭金(500万円)、2人の子どもの大学資金(600万円)を引き出しながらも、65歳まで積み立てを続けたことで、なんと**65歳時には4300万円の資産形成をすることができています。**

月3万円からの運用でも
＋4300万円を達成できる！

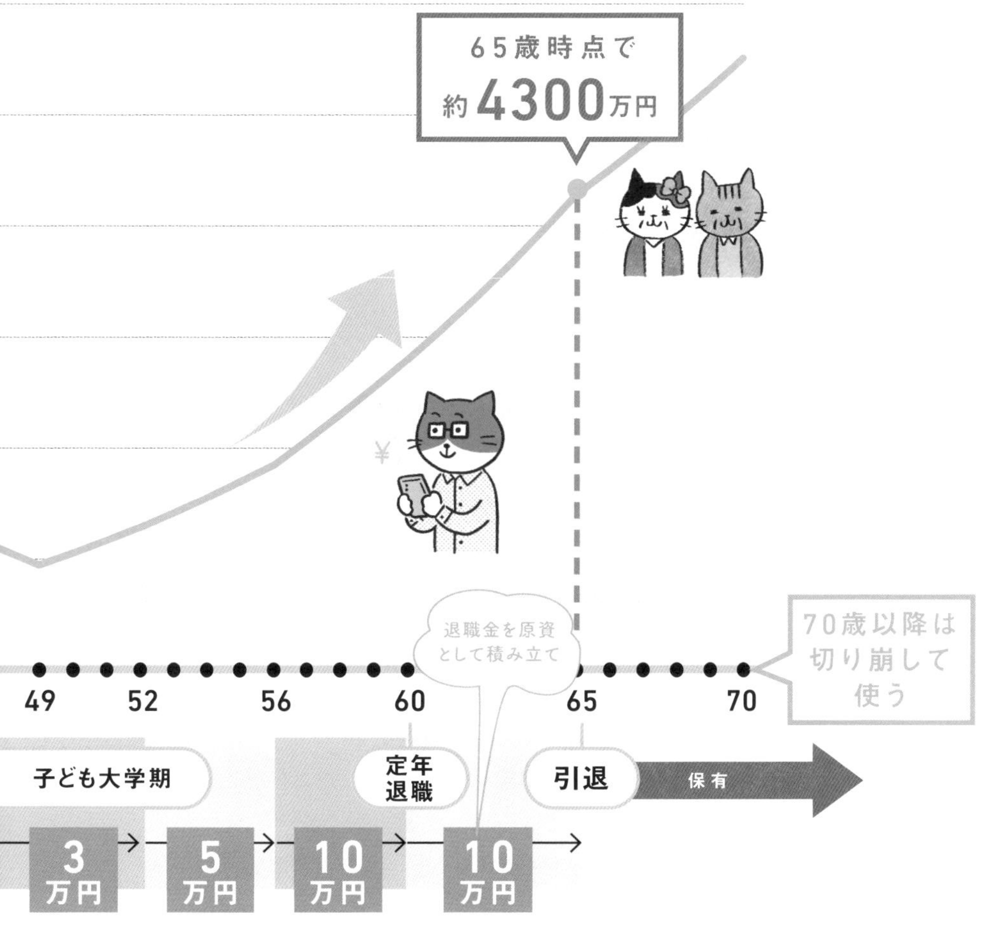

きっと、積立額がすごく高いんだろう、自分にはとても無理だ、と思われるかもしれません。しかし、実際は56歳で子どもが大学を卒業するまでは、月3万円、5万円など無理のない範囲での積立額になっています。しかし、①時間を味方につけて25歳から40年間、コツコツ積み立てて、②56歳からの10年間は月10万円の積み立てを続けたことで、みごと4300万円の資産を形成できました。これで、老後も安泰です。このプランであれば、誰にでもできるはず！　とにかく今すぐ始めることが肝要です。

知識ゼロからでも大丈夫!

「新NISAの賢い投資戦略を教えてください!」

今まで通り
コツコツ
積み立てて
いくだけで
いいのかな?

新NISAを
活用すれば、
これまで以上に
ドーンと儲かるって
聞いたけどホント?

将来、
僕の教育費も
ちゃんと準備して
もらえるのかな〜

住宅、教育、老後資金をいっきに解決!

まずは、新NISA“神改正”の中身を徹底解説します!

「新NISA」の概要

	つみたて投資枠	併用可 成長投資枠
年間投資枠	120万円	240万円 4
非課税保有期間	無期限化	無期限化 2
非課税保有限度額（総枠） 5.6	1800万円 ※簿価残高方式で管理 （枠の再利用が可能）	1200万円（内数）
口座開設期間	恒久化	恒久化 1
投資対象商品	長期の積立・ 分散投資に適した 一定の投資信託 （旧制度の つみたてNISA対象商品 と同様）	上場株式・ 投資信託など ※次の❶~❹は除外 ❶整理・監理銘柄 ❷信託期間20年未満の投資信託 ❸毎月分配型の投資信託 ❹デリバティブ取引を用いた 一定の投資信託等
対象年齢	18歳以上	18歳以上
現行制度との関係	2023年末までの一般NISA及び つみたてNISA制度において投資した商品は、 新しい制度の外枠で、 旧制度における非課税措置を適用 ※旧制度から新制度へのロールオーバー（※）は不可	

（表中の「3」は「併用可」に付された番号）

※非課税終了時に翌年の非課税投資枠へ移管すること

パワーアップした6つのポイント

Q1 新NISA制度の「恒久化」は、どんな点が使いやすくなりますか？

A 開始のタイミングを気にする必要がなくなります

旧NISAでは、つみたてNISAが2042年まで、一般NISAが2027年までと制度自体の終了時期が定まっていました。しかし、NISA制度の恒久化によって、「今すぐに始めたい」場合でも、「家計に余裕が生まれる5年後から始めたい」場合でも、「老後を意識して50歳から始めたい」場合でも、**いつ始めるのも自由になりました。**

「いつまで利用できるかわからない」と不安を持つ必要もなくなったので、長期的なライフプランに沿って、**自分の好きな時期に自分のタイミングで始められるようになりました**。例えば25歳から新NISAをスタート。35歳でマイホーム資金として売却、その後も積み立てを続けて、50歳で教育資金として売却。その後もできる限り積み立てて、老後資金を確保するなど、**人生100年時代のお金の相棒**として利用することができるのです。

いつでも好きなタイミングで始められる!

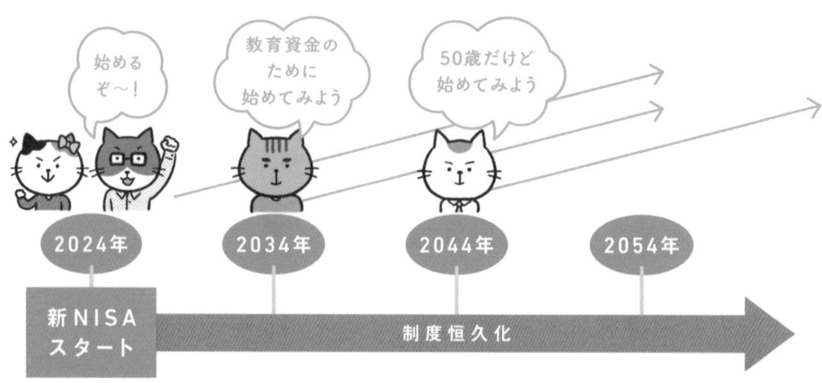

Q2 非課税で保有できる期間が「無期限」になるとどんなメリットがありますか？

A 期限を気にせず運用ができる分、資産を増やすチャンスが高まります

旧NISAでは、購入した投資商品を非課税で保有できる期間に限りがあり（つみたてNISAは20年、一般NISAは5年）その後は非課税での運用はできませんでした。仮に利益が出ていた場合、期限内に売却しないと、利益に課税されてしまうので、「早く売らなければ」と利用者が売却を急ぐ結果になっていました。

例えば、つみたてNISAを使って、30歳から毎月3万円の積立投資をして年利3%で運用したと仮定すると、50歳時点の資産額は積立額720万円に対して約985万円になる可能性があります（下図参照）。ただし、旧NISAでは、50歳までに売却しなければ、利益の約265万円に約20%の税金がかかってしまっていたわけです。その点、新NISAの場合は**非課税期間が無期限になることで、期限を気にせず、より長期的な視点で運用に臨むことができます。**

一生涯積み立てていくことが可能！

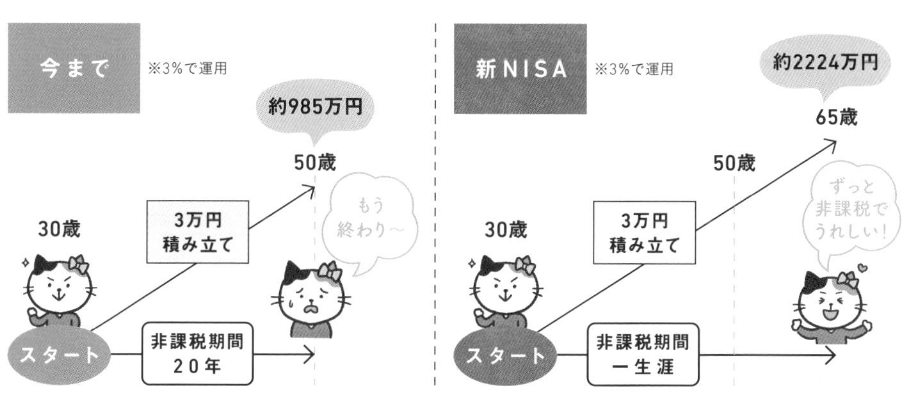

Q3 「つみたて投資枠」と「成長投資枠」はどのように使い分けるのですか?

A コツコツ増やすか、積極的にリターンを狙うかで使い分けます

旧NISAでは、つみたてNISAか一般NISAのどちらか1つを選ぶ必要がありました。**新NISAでは、「つみたて投資枠」と「成長投資枠」という2つの箱(勘定)ができ、両方とも利用できるようになりました。**

つみたて投資枠は、長期・積立・分散投資に適した厳選された投資信託が対象です。成長投資枠は、投資信託の積み立てや購入のほかに、株式投資やREIT(詳しくはP94)などへの投資ができ、つみたて投資枠と比べてより幅広い商品を選ぶことができます。

この2つの枠の基本的な使い分け方としては、つみたて投資枠でリスクを抑えながら着実に資産を増やしていくか、成長投資枠で、ある程度のリスクを取って、リターンを狙うかで選択します。今回の改正で、どちらを利用しても税制優遇を受けることができるようになったため、より投資商品の選択肢の自由度も高くなったのです。

投資対象商品の主な違いは?

つみたて投資枠	成長投資枠
金融庁が指定した約280本の投資信託(販売手数料ゼロ、ローコストの信託報酬、基本はインデックス型)	株式(日本株、米国株など)、ETF、REIT、投資信託(一定の条件を満たしたもの)
↓	↓
コツコツ着実に資産を増やす	リスクが高くてもリターンを狙う

Q4 年間の投資上限額はどのくらい拡大したのですか？

A つみたて投資枠と成長投資枠を年間合計360万円まで利用できます

年間の非課税投資枠が拡大した点も大きな改正です。具体的には旧制度と比べて、つみたて投資枠は3倍の120万円、成長投資枠は、2倍の240万円まで拡大しました。2つの枠は併用できるので、**年間の非課税投資額は合計で360万円**。つまり、月額の上限は30万円までになります。

この年間上限額のルールで注意が必要なのは、1年間の区切りが1月～12月と決まっていること。例えば、4月から始めると、その翌年の4月まででではなく4月～12月の9カ月間となります。

2つの投資枠は別勘定で管理される

新NISA口座

つみたて投資枠	成長投資枠
年間投資枠 120万円	年間投資枠 240万円

年間投資枠 合計360万円

2つの枠を合わせて月30万円まで投資できる!

つみたて投資枠のみ使う

2つの枠を使う

Q5 年間上限額さえ守れば、いくら投資しても非課税になるのですか？

A 生涯投資枠があり、「1800万円」が上限となります

旧NISAでは、つみたてNISAで800万円、一般NISAで600万円の投資上限額がありました。新NISAは、制度が恒久化されたので、いくら投資してもよいと勘違いする人もいますが、そうではありません。恒久化に伴い、**「生涯投資枠」という制度が導入され、1人あたり1800万円が上限額**となります。ただし、つみたて投資枠だけならば1800万円の上限額まで利用可能ですが、成長投資枠だけで利用できるのは1200万円までです。もちろん、つみたて投資枠と成長投資枠を併用して1800万円の上限まで利用するのはOKです。

また、1800万円は投資した金額（＝簿価といいます）であって、それが利益が出て2500万円に増えたとしても（＝時価といいます）問題ありません。投資上限額は簿価で管理すると覚えておきましょう。

1人あたりの生涯の投資上限額は決まっている

Q6 新NISAで運用中の資産を一部、売却してもよいでしょうか？

A もちろんOK! しかも、売却で空いた投資枠は、翌年に復活します

旧NISAでは、口座内で保有していた資産の一部を売却しても、空いた非課税投資枠を再度使う（＝再利用といいます）ことはできませんでした。**新NISAでは投資枠を再利用することが可能**になります。下図のように、運用途中で購入した商品の一部を売却した場合、売却した分の非課税投資枠が復活し、再びその枠で商品を購入することができます。ただし、売却した瞬間にその枠を再利用できるのではなく、枠の復活は翌年になりますので、その点は注意が必要です。

投資枠の再利用は買付額（＝簿価）ベースで管理されます。例えば、100万円（＝簿価）で購入した商品が150万円（＝時価）に値上がりして売却した場合でも、翌年に復活する投資枠は買付額の100万円です。

生涯投資枠を再利用するイメージ

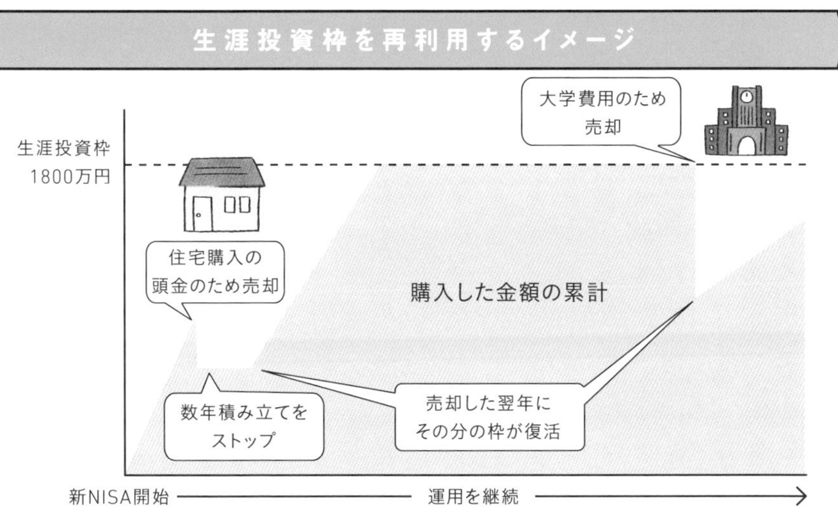

contents

STAFF

ブックデザイン　岩永香穂(MOAI)
イラスト　なかきはらあきこ、さかたともみ
編集・執筆協力　株式会社回遊舎(尾崎寿子、白石悠、財前孝汰郎)、服部ゆい、馬養雅子(ファイナンシャルプランナー)
DTP　金谷理恵子
校閲　麦秋アートセンター

※本書の情報は特に記載がない限り、2024年2月現在のものです。サービスの内容、情報は予告なく変更になる場合があります。本書は投資の参考情報を提供しているものです。投資による利益を保証するものではありませんので、ご自身の責任で投資の判断は行ってください。

第1章 「つみたて投資枠」の投信の選び方を教えてください!

SECTION

[参考図書・資料]

・『60分でわかる! 新NISA超入門』(技術評論社)
・『キーワードでまるごとわかる』投資の教科書(Gakken)
・『知りたいことがぜんぶわかる! 新NISA&iDeCoの超基本』(Gakken)
・「NISA特設ウェブサイト」(金融庁)

第2章 知らないと大損する!?
新NISAの落とし穴

SECTION

COLUMN

第3章 「成長投資枠」を
賢く活用して大きく増やす!

SECTION

COLUMN

第4章 日本株&米国株の投資テクの正解が知りたい!

SECTION

SPECIAL SEMINAR

COLUMN

株価の動きを知る

第5章 世代別・家族構成別 新NISA最強活用術

SECTION

第1章

「つみたて投資枠」の投信の選び方を教えてください！

新NISAを使いこなす第一歩は「つみたて投資枠」の活用から。投資信託のキホンをしっかり押さえて、自分にあった活用法を見つけましょう。

SECTION

01 どうして「投資信託」を「積み立てる」のがいいの？

POINT

- ✔ 投資信託は、1つの商品で世界中の資産に分散投資ができる投資初心者向きの商品
- ✔ 積み立て投資は、購入時間を分散していることになる

NISAは、「つみたて投資枠」と「成長投資枠」にわかれていますが、どちらから利用するのがおすすめですか？

投資初心者の場合は、**「つみたて投資枠」からスタートする**といいでしょう。投資の基本は**「長期・積立・分散」**。つみたて投資枠を利用すれば、これらが自動的に実行できます。クロスケさん、投資で利益を出すには、どうしたらいいか、わかりますか？

価格が安い時に買って、高い時に売る……でしょうか？

その通りです。でも、購入した投資商品の価格が、その後必ず値上がりする保証はないですよね。もしも、売るタイミングで、買った時より価格が下がっていたら、その投資については損失が出ることになります。でも価格が上がるタイミングを見極めるのは、投資上級者にとっても難しいことなのです。このリスクを回避する投資法が**「長期・積立・分散」**の3つの活用です。資産運用の王道ともいえます。

長期・積立・分散を活用すると具体的にどんな効果があるのでしょうか？

長期・積立・分散投資の効果（シミュレーション）

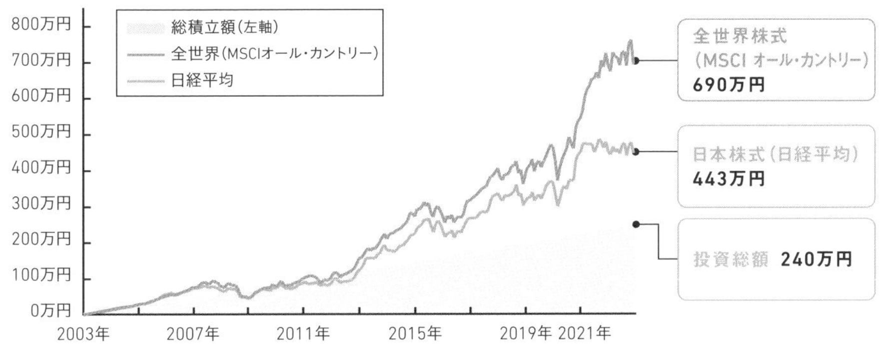

出所：「NISA早わかりガイドブック」金融庁　Bloombergのデータを基に金融庁作成
※税金・手数料等は考慮していません。上記の結果は将来の運用成果を保証するものではありません。

ここでその効果をデータで見ていきましょう。上のグラフは毎月1万円を20年間、全世界株式と日本の株式にそれぞれ投資をした場合、20年後の投資総額がいくらになったかを表しています。

日本で約1.8倍、全世界は約2.9倍も増えてる！

日本の株式だけに投資するより、全世界の株式に投資対象を分散したほうが、実績が高くなっていることがわかりますね。これが「資産の分散」効果なのです。

なるほど。1.8倍と2.9倍の差はそこにあるんですね。

ただ、資産の分散を個人で実践するのは大変なこと。例えば、日本の株を10銘柄持つだけでも数百万円のお金が必要です。一方、投資信託（＝投信）を利用すれば、1つの商品で、日本国内だけでなく先進国、新興国など幅広い地域の資産に投資することができます。

投信なら手軽に資産の分散がかなうわけですね。

そうなんです。さらに、全世界の株式に投資する投信を選んだ場合、日本の景気が悪く株価が下がっても、米国の景気がよく株価が上がっていれば、大きな値下がりは避けられます。

リスクを抑えながら、資産を増やせる可能性が高くなりますね。

もう1つ注目したいのは、「時間の分散」効果。グラフの動きをよく見ると、両方とも投資元本よりも減っている時期があります。それでも、20年間積み立て続けたことで、資産が大きく増えています。

小さな上下動をしながら、長い目でみると右肩上がりになっているのは「時間分散＝積み立て」のおかげなんですね。

投信での積み立てには、その他にも大きなメリットがあります。例えば、右ページ上図のように最初にまとめて4万円購入した時と、毎月1万円ずつ4カ月間積み立てた場合とを比べてみると、積み立てた場合のほうが平均購入単価を抑えられていることがわかります。これも時間を分散しているからです。

約1000円も安くなってる! どうしてですか?

投信の基準価額（P37参照）は日々変動するので、同じ金額を決まったタイミングで積み立てることで、安い時には多く、高い時には少なく自動的に買い付けることになります。この投資手法をドル・コスト平均法といって、平均購入単価を抑える効果があります。

つまり、積み立てすると価格が上がったり下がったりすることを気にしなくてよくなるのですね。

定額の積立投資なら安い時に多く購入できる

例えば……以下のような値動きの場合、投資信託を最初に4万円分買った時と、4カ月間、毎月1万円ずつ定額で買った時を比べると

		1カ月目	2カ月目	3カ月目	4カ月目	
	投資信託 1万口あたりの 基準価格推移	1万円	2万円	5000円	1万円	
一括購入	最初に 4万円分 購入した場合	**4万円**	0円	0円	0円	**購入総額 4万円** **購入口数 計4万口** **平均購入単価** **(1万口あたり)** **1万円**
		4万口	0口	0口	0口	
積立購入	毎月 1万円ずつ 購入した場合	**1万円**	**1万円**	**1万円**	**1万円**	**購入総額 4万円** **購入口数 計4.5万口** **平均購入単価** **(1万口あたり)** **約9000円**
		1万口	**5000口**	**2万口**	**1万口**	

価格が高い時は少なく購入することになる

価格が低い時は多く購入することになる

平均購入単価は安くなる！

出所：「NISA早わかりガイドブック」金融庁

そうなんです。そして、この投資法は、運用期間が長ければ長いほど、より値動きの振れ幅が平均化していきます。つまり、長く運用することで、より安定的な運用を目指すことができるのです。

つみたて投資枠を使うと「長期・積立・分散」が自動的に実現できるのはすごいことですね。

さらに、投資信託には100円など少額(※)で幅広い投資対象に投資できるメリットがあることも見逃せません。例えば、トヨタ自動車と任天堂2つの株を購入するだけでも100万円近くの資金が必要ですが、投資信託だと100円からその2銘柄も含まれた商品を購入できますからね。

※購入可能額は金融機関によって異なる

SECTION 02

「つみたて投資枠」の商品は選び抜かれた精鋭揃い

POINT

- かつて使いにくかった投資信託は、つみたてNISA制度の導入で「長期・積立・分散」の投資がしやすくなった
- 金融庁が定めたルールをクリアした商品だけなので初心者でも安心

ここから、つみたて投資枠で利用できる商品がなぜすごいのか、順番に説明します。利用対象商品は、つみたてNISAで決められた要件を引き継いでいます。ミケ子さん覚えていますか？

たしか、**金融庁が定めた条件をクリアした商品に限定されている**、でしたっけ？　詳しい内容は忘れちゃいました。

ざっくりで大丈夫。正解です！　実はこの基準が定められたのは、2018年1月のつみたてNISAの導入が始まった時。NISA制度自体は、2014年1月にスタートしましたが、その当時の日本では、投資信託で「長期・積立・分散」という考え方がまだ浸透していませんでした。

えー！　そうなんですね。

しかも、つみたてNISAの導入以前の投資信託は、**「販売手数料は2～3％」「運用期間が短い」「ほとんどがアクティブ型」「毎月分配型が多め」**と、今のつみたて投資枠で運用できる商品と正反対のものばかりで、あまり利用されていませんでした。例えば、販売手数料が3％の場合、1万円積み立てたとしても販売手数料が引かれて、実際には9700円しか積み立てられないことになります。

つみたて投資枠対象商品はココがすごい！

つみたてNISA（旧NISA）導入以前		つみたて投資枠の投資信託
販売手数料2～3%（平均2.5%）		すべて販売手数料0円（ノーロード）
信託期間（＝運用期間）が短い（20年未満が全体の約8割）		信託期間が無期限または20年以上
アクティブ型（P28参照）が主流		一般的なインデックス型（P28参照）が基本
毎月分配型が多い（売れ筋商品の約9割）		分配頻度が毎月ではない（無分配で元本に組み込まれるため複利運用）

今では、**販売手数料無料**ですもんね。全然違うな～。

つみたてNISAが導入される時、金融庁が対象商品に売買手数料無料という条件などを設けることで、「長期・積立・分散」の投資がしやすくなって、投資初心者向きの制度となりました。

確かに、つみたてNISAを知った時、私でもできるかも！　と思いました……。

日本で購入できる投資信託は、数千本ありますから、**つみたて投資枠を使うだけで、厳選された商品を手軽に選べる**という画期的な制度なんです。

SECTION
03 長く運用するからこそ手数料にも注目！

POINT

- ✔ インデックス型の手数料は、一般的な投資信託と比べると最安の水準に設定されている
- ✔ ハイリスク・ハイリターンのアクティブ型は、より厳しい条件が設けられている

次は、「つみたて投資枠」の対象商品の手数料について説明します。

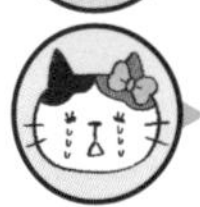
手数料があるのか〜。対象商品の基本も理解しておきたいです。

まずは基本の要件から。投資信託（公募株式投資信託）は、**指数に連動する「インデックス型」と専門家が投資判断をする「アクティブ型」**に大別されますが、つみたて投資枠ではそれぞれに基準が設けられています。リスクが高めで、その分リターンも期待できるアクティブ型は、より厳しい基準が定められています（右表参照）。

先生！　肝心の手数料ですが、投資信託の販売手数料はゼロですよね。ほかにも手数料がかかるってことですか？

はい。**信託報酬という保有期間中引かれ続けるコストがあります**。信託報酬は、一般的に基準価額の0.5〜2%ですが、つみたて投資枠のインデックス型投信の場合は、「国内資産対象」は0.5%以下、「海外資産対象」は0.75%以下と低く設定されています。

2%引かれるものもあるとなると、割安なことがわかりますね。ただ、1%ぐらいならそんなに影響はないような気もしますが…。

「つみたて投資枠」対象商品の要件

商品分類			信託報酬（税抜）	販売手数料	その他
公募株式投資信託	インデックス型（P28へ）・バランス型（P34へ）	国内資産を対象	0.5%以下	・売買手数料、解約手数料、口座管理料、すべて無料	
		海外資産を対象	0.75%以下		
	上記以外の投信（アクティブ型など）	国内資産を対象	1%以下		・純資産額50億円以上 ・信託開始以降5年以上経過 ・信託期間の2/3で資金流入超
		海外資産を対象	1.5%以下		
ETF（上場株式投資信託）	国内取引所に上場		0.25%以下	・売買手数料1.25%以下 ・口座管理料無料	・円滑な流通のための措置が講じられているとして取引所が指定するもの ・最低取引単位1000円以下
	外国取引所に上場				・資金残高1兆円以上 ・最低取引単位1000円以下

そう思うのはわかります。ですが、例えば信託報酬が1％違う投信に100万円を20年間投資した場合、20年間で運用額に約33万円の差（※）が生じてしまうのです。

え〜！　33万円か。そう聞くと大きい！

信託報酬が低ければ低いほど、長期間の運用には有利に働くというわけです。さらに最近は、投資信託の運用会社が信託報酬を引き下げる動きが活発化していて、商品によっては0.0561％など基準より大幅に低くなっているものもあるので、商品を決める際の参考の1つにするのもよいと思います。

※100万円を投資した場合の信託報酬2.5％と1.5％の差（信託報酬控除前リターン4.5％で試算）。
金融庁「つみたてNISAガイドブック」より

SECTION 04

「つみたて投資枠」の商品はなぜ株式・インデックス型？

POINT

- インデックス型とアクティブ型の基本的な違いは目指している運用スタイル
- インデックス型のほうがコストが低く、長期運用に有利

投資信託の種類には「インデックス型」「アクティブ型」の2つがあるということですが、この種類についてもう少し詳しく理解したいです。

わかりました。この2つが違う点は、ズバリ目指す運用スタイルです。ざっくりいうと、**安定的な運用を目指すのか、積極的な運用を目指すのか**、ということです。

具体的に、どんな風に運用されるのですか？

インデックス型は、日経平均株価など特定の指数（＝ベンチマーク）に連動する運用成果を目指します。株式市場が上昇していれば運用実績も上がり、下がっていれば運用実績も下がります。目標の指数を大きく上回る成果は期待できません。**アクティブ型は、ベンチマークを上回る運用成績を目指すタイプ**で、インデックス型と比べて大きなリターンを期待できる一方で、リスクも高くなります。

「特定の指数」とは何のことでしょうか？

市場全体の動きを表す指標のことで、**株価指数**とも呼ばれます。日本株式の代表的な株価指数は、**日経平均株価**などです。

投資信託には運用スタイルが2種類ある

インデックス

目安となる指数（ベンチマーク）に連動した値動きで、変動の差が少なめ。安定的な運用が見込める

アクティブ

ベンチマークを上回る運用成績を目指す。投資信託ごとに運用成績のバラつきがみられる

株式インデックスは世界中の株価指数に連動している

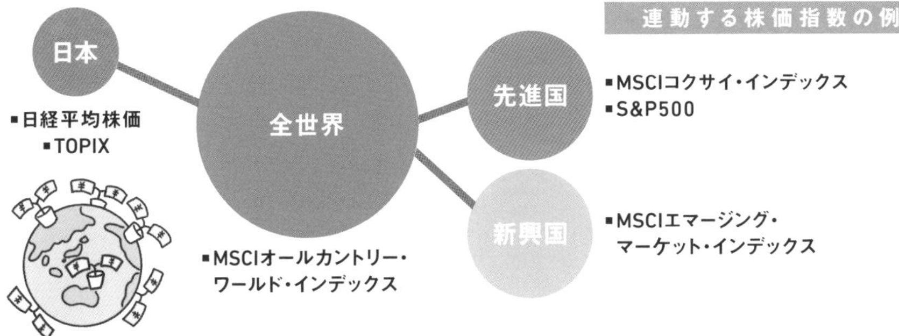

一方、全世界株式の場合は、MSCIオール・カントリー・ワールド・インデックス。これは、日本を含む先進国や新興国を投資対象としています。

世界の株価指数には、ほかにどんなものがありますか？

S&P500は、米国市場の時価総額の約80%をカバーした指数のこと。また、MSCIエマージング・マーケット・インデックスは、新興国の主要銘柄が対象で、中国、韓国、台湾の企業を中心に構成されています。代表的な指数を覚えておくと商品を選ぶ時に、投資対象がどこなのかがわかる目安にもなります。

なるほど！　ちなみに、資産をより多く増やすには、ある程度リスクをとって積極運用する「アクティブ型」を選ぶほうが正解ですか？

そういった考え方ももちろんあります。ですが、**長期間運用した場合の運用成績で比べると、アクティブ型が有利とは限りません**。右ページの表は、インデックス型とアクティブ型の過去1年、3年、5年、10年のトータルリターンを比較したものです。

トータルリターンとは？

投資信託で投資した場合に得られる総合的な収益のことです（P38へ）。例えば、右ページの表では、「ニッセイ日経225インデックスファンド」の過去10年のトータルリターンが＋9.65％ですが、これは、毎年利回り9.65％で運用されたということです。

10年間9％以上の利回りって。すごすぎです。

この結果だと、アクティブ型の２つの商品よりインデックス型のほうが10年間長期投資をした成績がよいことがわかります。ただし、注意して欲しいのは、**あくまで過去10年の運用結果**ということ。

10年後必ずこの結果になるということではないってことか……。

ですが、過去の運用成績は、その商品の運用傾向を知る目安にはなるので、**商品を選ぶ際はトータルリターンがどのくらいなのかをチェックする**ことをおすすめします。

わかりました！　ところで、先生。アクティブ型の「ひふみプラス」は、過去10年のトータルリターンが一番高いからやっぱり、アクティブ型を選びたい気持ちになるのですが……。

インデックス型とアクティブ型の運用成績を比較

※トータルリターン(期間別)で比較

	ファンド名	運用会社	信託報酬(税込み)	過去1年	過去3年	過去5年	過去10年
インデックス型	**ニッセイ日経225インデックスファンド**	ニッセイアセットマネジメント	**0.275%/年**	+21.91%	+9.98%	+10.29%	+9.65%
アクティブ型	**ノムラ日本株戦略ファンド(愛称:Big Project-N)**	野村アセットマネジメント	2.09%/年	+17.59%	+9.59%	+7.72%	+7.33%
アクティブ型	**ダイワ日本株オープン**	大和アセットマネジメント	1.672%/年	+19.96%	+11.77%	+10.14%	+7.29%
アクティブ型	**ひふみプラス**	レオス・キャピタルワークス	**1.078%/年**	+16.68%	+3.33%	+6.85%	+10.96%

※2023年11月末時点の情報

手数料も安く運用成績も優秀!

手数料がアクティブ型としては割安だが、インデックス型よりは高い

つみたて投資枠対象のアクティブ型

そうですね。実は、ひふみプラスは、つみたて投資枠で利用できる商品なので、P26で説明した通りインデックス型より厳しい条件をクリアしています。長期間の運用成績がよいのも、つみたて投資対象に選ばれた理由です。ただし、アクティブ型の場合、**信託報酬の条件が、国内資産対象で+1%、海外資産対象で+0.75%と手数料が高めです**。

確かに、ひふみプラスのほうが、ニッセイ日経225インデックスファンドより、**約4倍も信託報酬が高い!**

手数料は、ほんの少しの差でも長期間運用していくと、その差が大きくなります。それでも10年で見ると、インデックス型より少し高い実績が出ていますが、手数料が安ければ、もっとよい実績だったかもしれません。

SECTION

05 そもそも投資信託ってどんな種類があるの？

POINT

- ✓ 投資信託は「投資対象」「投資地域」の違いでも分類される
- ✓ 運用方法だけでなく、投資対象、投資地域でも、リスクやリターンが変わってくる

投資信託は、「インデックス型」と「アクティブ型」の他にも分類方法があります。それは、**「投資対象」による分類**です。この分類も、運用方法と同じように種類によってリスクやリターンが異なります。

投資対象の種類によっても変わるとは……。しっかりと覚えます！

右ページの図に投資対象の分類をまとめました。右上に行くほどリスクもリターンも高くなります。

つまり、国内債券に比べて外国株式は、大きく増える可能性も高いけど、その分大きく減ってしまう危険も伴うということですね。

はい。投資対象の種類は、大きく分けて**「債券」「REIT（リート）」「株式」の3つ**です。一般的には、この債券、REIT、株式の順にリスクとリターンが高くなります。

株式はなんとなくわかるのですが、債券とREITって何ですか？

債券とは、国や自治体、企業などが資金調達目的で発行するもので、これに投資をします。**株式に比べ値動きは小さめです。**

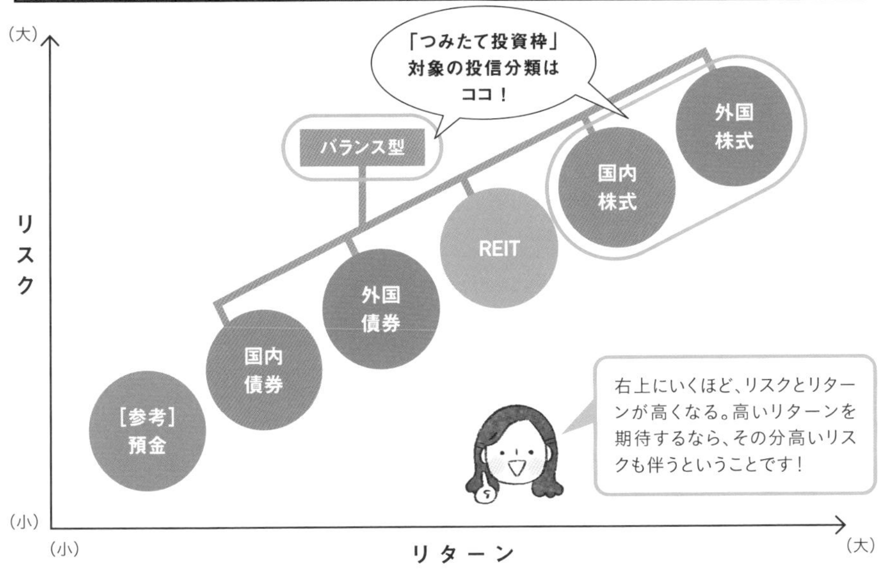

3つの分類でもっとも安定的ですが、大きく増える可能性も低くなります。主に市場金利の影響を受けて価格が変動します。

ムムッ？ 市場金利とは何ですか？

市場の金利はお金の需要と供給のバランスによって決まります。お金を借りたい人が多い(＝景気がよい)と金利は上がります。金利が上がると債券価格は下落する関係にあります。

金利と債券は逆の動きをするんですね。難しい……。

一方、金利が上がる→景気がよい→株価が上がるので、株式と債券も逆の動きをします。そのため、両方に投資するとよいという考え方もあります。ただ、債券の値動きは限られた範囲の中ですので、株式に比べてローリスク・ローリターンといえます。

つまり、債券は大きな値動きより安定を望む人向けなんですね。

次は、REITについて。REITとは、Real Estate Investment Trust（不動産投資信託）の略で、名前の通り不動産に投資する投資信託のことです。

不動産。マンションとかへの投資かな？

そうです。そのほか、オフィスビルやホテル、商業施設などに投資をする上場投信です。そのため、証券取引所の立会時間中は価格が変動します。リスクとリターンは、債券より高く株式より低いという中間的な位置になります。つみたて投資枠での取り扱いはありません。

先生！　P33の投資対象の分類の図を見ると、株式と債券が「国内」と「外国」でわかれていますが、これにも意味がありますよね？

国内と外国の違いは、**「投資対象地域」**の違いです。外国は、全世界、先進国、新興国などさまざまな地域に投資します。一般的に先進国は、値動きが比較的ゆるやかで、リスクも低めな傾向にあります。新興国は、急成長する可能性もある一方、経済的に不安定なこともあるので、リスクは高くなります。また、外国は外貨で運用されるので、為替変動の影響を受ける分、国内よりもリスクが高くなります。

債券、REIT、株式をまとめたバランス型というのもありますよね？

「バランス型」は、1つの投資対象などに絞らず、複数の投資対象や地域に投資する投資信託です。

つみたて投資枠対象商品の総本数：282本

		国内	国内・海外	海外
公募投信	株式型	51本	27本	76本
	資産複合型（バランス型）	5本	113本	2本
ETF（上場株式投信）		3本	ー	5本

※2024年2月29日時点

株式型は、海外の対象が多い（S&P500、先進国株など）

バランス型は、国内・海外対象の商品が多い（8資産バランス型など）

現時点の対象商品は282本。今後も増える可能性があります

株式や債券、REIT、国内、海外などをミックスして幅広く分散投資できるので、保守的な運用を目指す人に向いているといえそう！

上の表は「つみたて投資枠」で実際に利用できる商品の分類です。これを見ると**株式型は、海外へ投資するタイプ**がもっとも多く、**バランス型は、国内・海外へ投資するタイプ**が多くなっています。

リスクもリターンも高い海外へ投資する株式型の本数が結構多いんですね。

そうですね。株式型は長期で見れば大きく増える可能性があります。もちろん、大きく値下がりすることもありますけれど、積み立てを続けることで安定的な運用を目指していけるのです。

海外の株式というと少し怖い気がしますが、長期間コツコツ積み立ててみたいと思います。

SECTION 06

証券会社のHPで実際に対象商品を見てみよう!

POINT

- ☑ 証券会社の投資信託一覧から基本的な情報を確認できる
- ☑ 投資信託の商品名が、どんな商品なのかのヒントになる

実際に投資信託を購入しようとした場合、証券会社などのサイトで探すことになると思います。でも、どこを見たらいいのかよくわからない人が意外と多いのではないでしょうか?

そうなんですよ。私はついみんなが何を買っているのかが気になっちゃうので、人気ランキングページをチェックするのですが、最初のページから、なにがなにやらわからなくってパニックになってしまいます。

では、証券会社でよくある「販売金額人気ランキング」のトップページを例に表示されている項目についておおまかに説明していきますね。まず、**「ファンド名」**。これは**投資信託の商品名**です。実はこの名前だけで投資内容がざっくりわかるんです。詳しくは後程説明しますね。

本当ですか?　それはすごい!

次は**「分類」**。これは、**投資対象の種類と対象地域**などがわかります。例えば、国際株式と書いてあれば、海外の株式に投資するタイプになります。**「基準価額」**は、投資信託の値段。

投資信託一覧から選ぶ目安はあるの?

(SBI証券投資信託ランキングのページを例に著者作成)(2023年12月7日時点)

ファンド名

最初の部分は運用会社名。その後が投資信託の商品名という構成になっていることが多い。両方とも省略形になっていることも

レーティング

投資信託に関する評価・格付けのこと。第三者的な評価機関が独自に定めた基準で、同じカテゴリーの中での優秀さを評価している。5つ星が最高ランクのことが多い。運用期間3年未満は評価されないこともある

分類

証券会社によって、分類の仕方は微妙に違うが、株式、債券、複合資産、国内、海外などの言葉を組み合わせて投資対象がわかるようになっている

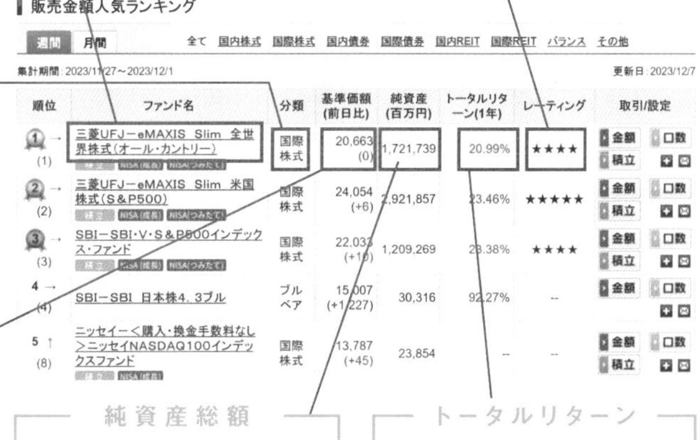

販売金額人気ランキング

週間 月間　全て 国内株式 国際株式 国内債券 国際債券 国内REIT 国際REIT バランス その他

集計期間:2023/11/27~2023/12/1　更新日:2023/12/7

順位	ファンド名	分類	基準価額(前日比)	純資産(百万円)	トータルリターン(1年)	レーティング	取引/設定
1 → (1)	三菱UFJ−eMAXIS Slim 全世界株式(オール・カントリー)	国際株式	20,663 (0)	1,721,739	20.99%	★★★★	金額 口数 積立
2 → (2)	三菱UFJ−eMAXIS Slim 米国株式(S&P500) 積立 NISA(成長) NISA(つみたて)	国際株式	24,054 (+6)	2,921,857	23.46%	★★★★★	金額 口数 積立
3 → (3)	SBI−SBI・V・S&P500インデックス・ファンド 積立 NISA(成長) NISA(つみたて)	国際株式	22,033 (+1[illegible])	1,209,269	23.38%	★★★★	金額 口数 積立
4 → (4)	SBI−SBI 日本株4.3ブル	ブルベア	15,007 (+1,227)	30,316	92.27%	--	金額 口数
5 ↑ (8)	ニッセイ−<購入・換金手数料なし>ニッセイNASDAQ100インデックスファンド 積立 NISA(成長)	国際株式	13,787 (+45)	23,854	--	--	金額 口数 積立

基準価額

当日の15時前だと、前の日に算出された基準価額が掲載されている。数値が高ければ儲かっているというわけではないが、運用が好調であることは見て取れる

純資産総額

当該のファンドが投資家から集めたお金を運用し、そこから売買手数料などの経費を差し引いた資産総額を純資産総額という。スムーズな運用をするには、50億円以上の資金が集まっているとよいといわれている

トータルリターン

分配金や値上がり益、投資信託(ファンド)にかかった費用なども含めて、一定期間にどれだけ値上がり(もしくは値下がり)したかを年率で示したもの。過去の運用成績なので将来の運用成果を保証するものではない

1口から購入可能ですが、**通常基準価額は1万口の金額が表示**されています。金額が高いからといって、儲かるとは限りませんが、運用は安定している傾向といえます。

1口から買えるから、**基準価額=投資必要額ではない**んですね。

次は、**「純資産総額(純資産)」**。これはファンド(=投資信託)の規模を表しています。

ファンドの規模って具体的にはどういうことですか？

投資信託に組み入れられている株式や債券などを時価で評価して、利息や配当金などを加えた資産総額から、運用するコストを差し引いたもの。つまり、投資家から集めた資金を運用した結果の総資産で、**100億円以上あるファンドは安定した運用が期待できます**。

それだけ、信頼できるってことですね！

「トータルリターン」は、P30で説明した通り、投資した場合に得られる総合的な収益のこと。分配金や費用なども含めて、過去の一定期間でどれだけ値上がりして、値下がりしたのかが年率でわかるので、これまでの**運用成績の安定度を測る目安**にもなるし、商品選びの参考の1つになります。

わかりました。トータルリターンは必ずチェックします！

最後に**「レーティング」**。これは、**商品に対する「評価・格付け」**のこと。第三者的な評価機関が独自に定めた基準で、同じカテゴリーの中での優秀さを評価しています。最高ランクは星5つなど、証券会社によって評価の仕方は異なります。

レストランの格付けみたい。星での評価はわかりやすい！

次は、P36で話にでた投資信託の名前でどんなことがわかるのかを説明します。右ページに3つの投資信託の例を上げました。**商品名の先頭にあるのが、投信のシリーズ名**。この例では、三菱UFJアセットマネジメントの「e MAXIS Slim」、SBIアセットマネジメントの「SBI・V」シリーズで、どちらも運用コストが業界最安水準という特徴があります。

投資信託の商品名は投資の内容がざっくりわかる!

■**eMAXIS Slim 全世界株式(オール・カントリー)**

投信のシリーズ名。運用会社ごとにシリーズでまとめていることがよくある

投資対象を示す。この場合は、全世界の株式(日本も含める)が投資対象であることを示している

ネーミングをよく見ます!

■**SBI・V・S&P500インデックス・ファンド**

投信のシリーズ名を示す。ファンドの特徴がわかることもある

投資対象を示す。この場合は株価指数が入っていることで、米国株に投資している投信ということがわかる

運用スタイルがわかる。アクティブ型とインデックス型の2種類のうち、この場合はインデックス型

■**日経平均高配当利回り株 ファンド**

投資対象を示している。日経平均株価対象の225銘柄から高配当利回りの銘柄を選んで投資していることを示している

ここでは、インデックスともアクティブとも書いていないので商品名から運用スタイルはわからない

投資対象や運用スタイルもわかるのでしょうか?

この例では**全世界株式、S&P500、日経平均の部分がそれぞれ投資対象**になります。S&P500なら米国株が対象、日経平均なら日本株の銘柄が対象ということがわかります。運用スタイルは、商品名に入っている場合もあります。「SBI・V・S&P500インデックス・ファンド」のように、インデックス型のファンドは、比較的商品名に入っているパターンが多めです。

ざっくりでも、簡単に商品内容がわかるのはありがたいですね。

SECTION

07 結局、「つみたて投資枠」はどの投信を選べばよい？

POINT

- ✓ 最初の1本は幅広い地域をカバーした株価指数に連動したインデックス型投信を選ぶ
- ✓ 迷ったら、手数料が安く、規模が大きめの投信を選ぶ

つみたて投資枠の対象商品がどんな風に決められているのか、よくわかりました。実際、投資を始めようという人が最初の1本を選ぶ時のチェックポイントはありますか？

最初の1本は**主要な株価指数に連動したインデックス型投信**を選ぶことをオススメします。連動している株価指数の動きをチェックしやすいので、今、どうして下がっているのか上がっているのかも、把握しやすいですからね。

先生のイチ押しはなんですか？

やはり「全世界株式型」です。全世界株式の株価指数は2つありますが（右の表参照）、どちらを選んでも構いません。このほか、積極的に投資をしたいなら、米国株価指数のS&P500、日本を除く先進国株式に投資したいなら、MSCIコクサイに連動した投信を選ぶのもあり、です。

気になる株価指数に連動した投信がいくつかある場合、どうしたらいいですか？

なるべく手数料（信託報酬）の割安なものを選びましょう。

投資初心者が利用する投資信託の3つの条件

インデックス型

主要な株価指数に連動したもの

値動きを把握しやすい

手数料が安い

↓

信託報酬0.2%以下

迷ったら割安なもの!

規模の大きい投信

↓

純資産総額50億円以上

人気のバロメーター

全世界株式型を見ると、運用会社が違っても手数料が同じ時もありますが……。

そういった時は、その投信にいくらのお金が集まっているかがわかる**純資産総額の金額が大きいもの**を選んでください。50億円以上あると、安定した資産運用ができる目安になります。人気のバロメーターとしても活用できるのです。

例えばどんな投信を選べばよい?

(2024年2月15日時点)

商品名(運用会社)	連動している株価指数	信託報酬	純資産総額
eMAXIS Slim全世界株式(オール・カントリー)(三菱UFJアセットマネジメント)	MSCIオール・カントリー・ワールド・インデックス	0.05775%以内	2兆4777.58億円
SBI・全世界株式インデックス・ファンド(SBIアセットマネジメント)	FTSEグローバル・オールキャップ・インデックス	0.1022%程度	1746.45億円
SBI・V・S&P500インデックス・ファンド(SBIアセットマネジメント)	S&P500	0.0938%程度	1兆4097.46億円
<購入・換金手数料なし>ニッセイ外国株式インデックスファンド(ニッセイアセットマネジメント)	MSCIコクサイ・インデックス	0.09889%以内	6497.56億円

SECTION

08 つみたて投資枠のおすすめ投資信託

フジコ先生が、つみたて投資枠で利用すべき投資信託をランキング形式で10銘柄セレクト。何を選んだらいいか迷っている人は参考にしてみてください！

商品データの見方

❶基準価額
1万口あたりの値段

❷信託報酬
1%以下なら合格点

❸純資産総額
金額が大きいほど信頼度が高い

❹リターン
数値が大きいほど運用成績が良好だが、この数字だけではなく、ベンチマークとの比較も大切。あくまで過去の成績のため、将来の運用成果の保証にはならない

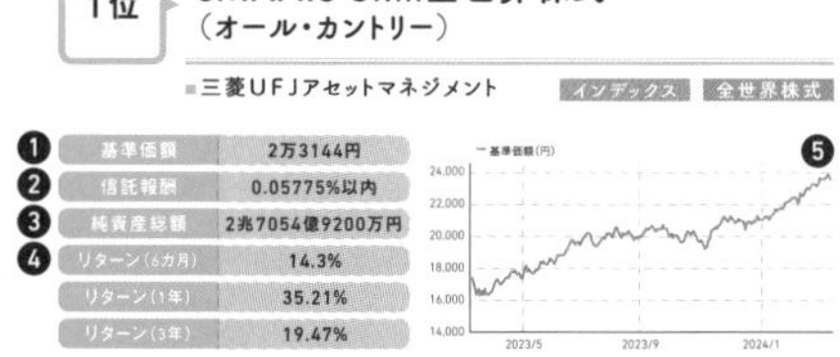

❺基準価額の推移
基準価額の値動きを反映している。ベンチマークの動きと比較することもポイント

※2024年3月8日現在（「リターン」のみ2月29日現在のデータ）。リターン（3年）は年率

1位 eMAXIS Slim全世界株式（オール・カントリー）

■三菱UFJアセットマネジメント　インデックス　全世界株式

基準価額	2万3144円
信託報酬	0.05775%以内
純資産総額	2兆7054億9200万円
リターン（6カ月）	14.3%
リターン（1年）	35.21%
リターン（3年）	19.47%

日本を含む全世界の株式に投資するインデックス型投信。「MSCIオール・カントリー・ワールド・インデックス」に連動する成果を目指して運用されています。常に売れ筋ランキング上位で人気の高い商品です。信託報酬も0.05775%以内と同種の投信の中でも最安水準レベルで、長期運用におすすめの商品です。

2位 楽天・全米株式インデックス・ファンド（愛称：楽天・VTI）

■楽天投信投資顧問

インデックス　米国株式

基準価額	2万7839円
信託報酬	0.162%程度
純資産総額	1兆3748億400万円
リターン（6カ月）	16.33%
リターン（1年）	40.52%
リターン（3年）	22.46%

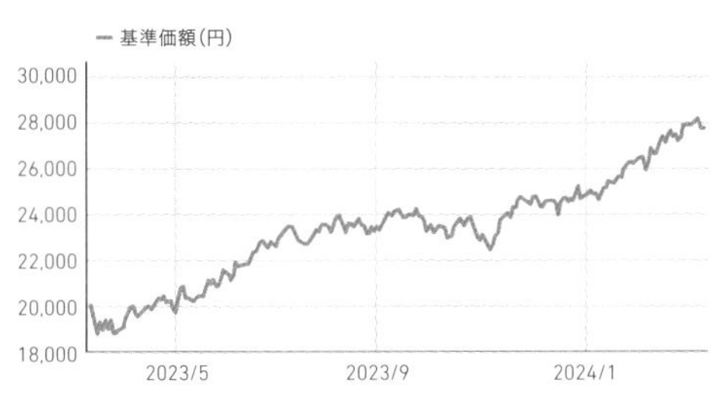

「CRSP USトータル・マーケット・インデックス」の動きに連動するインデックス型投信。この指数は、米国株式市場に上場している、約4000銘柄の大型株から中型株を網羅しているので、これ1本でほぼ100%米国株をカバーした投資をすることが可能です。米国の経済成長に準じて、安定的な運用が期待できます。

3位 SBI・V・S&P500インデックス・ファンド（愛称：SBI・V・S&P500）

■SBIアセットマネジメント

インデックス　米国株式

基準価額	2万4978円
信託報酬	0.0938%程度
純資産総額	1兆4502億4800万円
リターン（6カ月）	16.44%
リターン（1年）	42.36%
リターン（3年）	24.81%

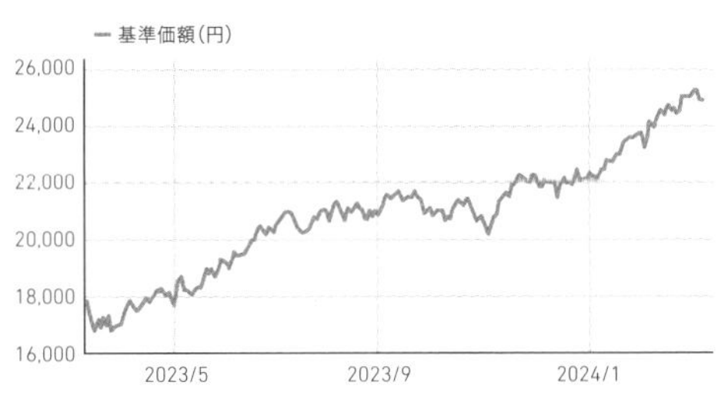

「バンガード・S&P500 ETF（VOO）」に投資する投信。米国の代表的な株価指数「S&P500」に連動したパフォーマンスを目指しています。S&P500は、大型で流動性が高い500銘柄で構成されているので、長期的に上昇が期待できます。信託報酬も0.0938%程度と、低コストな点もポイント高めです。

4位 ニッセイ日経225インデックスファンド

■ニッセイアセットマネジメント　インデックス　国内株式

基準価額	4万8460円
信託報酬	0.275%
純資産総額	2906億4000万円
リターン（6カ月）	21.06%
リターン（1年）	45.34%
リターン（3年）	12.41%

「ニッセイ日経225インデックスマザーファンド」を通じて、日経平均株価構成銘柄のうち200銘柄以上に分散投資ができる投信。日経平均株価は今後、上昇基調が期待できるので、国内株式に投資したい場合に選ぶとよい商品です。

5位 eMAXIS Slimバランス（8資産均等型）

■三菱UFJアセットマネジメント　バランス　複合資産

基準価額	1万5830円
信託報酬	0.143%以内
純資産総額	2538億4100万円
リターン（6カ月）	5.71%
リターン（1年）	16.68%
リターン（3年）	8.65%

日本、先進国、新興国それぞれの株式と債券、国内と先進国のREIT（不動産投資信託）に12.5%ずつ投資をする投信です。8資産に分散して均等に投資を行うため、各商品の値動きをカバーし合える点が、最大のメリットです。

6位 iFreeNEXT FANG＋インデックス

■大和アセットマネジメント　インデックス　米国株式

基準価額	4万9546円
信託報酬	0.7755%
純資産総額	1352億1700万円
リターン（6カ月）	31.1%
リターン（1年）	99.94%
リターン（3年）	26.99%

FANG+はAppleやAmazon、Google、Microsoftなど米国の巨大テック企業10社で構成された株価指数に連動する投信。これらの構成企業は、各市場で多くのシェアを占めながらも市場開拓に積極的なため、安定性も成長性も見込めます。

7位 たわらノーロード 先進国株式

■アセットマネジメントOne

インデックス　先進国株式

基準価額	3万141円
信託報酬	0.09889%以内
純資産総額	4966億3500万円
リターン(6カ月)	15.08%
リターン(1年)	37.17%
リターン(3年)	22.21%

「外国株式パッシブ・ファンド・マザーファンド」への投資を通じて、日本を除く海外の上場株式に投資をします。組入銘柄上位10位までは米国株が中心で、MSCIコクサイ・インデックスに連動する運用を目指します。

8位 セゾン・グローバルバランスファンド

■セゾン投信

バランス　複合資産

基準価額	2万4126円
信託報酬	0.56%±0.02%程度
純資産総額	4482億3700万円
リターン(6カ月)	9.05%
リターン(1年)	23.72%
リターン(3年)	11.73%

8つのファンドを通じて投資を行うことで、実質的に世界中の株式や債券に50%ずつの資産配分比率で分散投資が可能な商品です。1本の投資信託でリスクをおさえながら、安定したリターンの獲得を目指す商品です。

9位 野村インデックスファンド・米国株式配当貴族

(愛称:Funds-i フォーカス 米国株式配当貴族)

■野村アセットマネジメント

インデックス　米国株式

基準価額	2万5987円
信託報酬	0.55%以内
純資産総額	639億8000万円
リターン(6カ月)	6.35%
リターン(1年)	19.79%
リターン(3年)	20.93%

米国の優良銘柄で構成されるS&P500配当貴族指数の動きに連動し、各銘柄に均等投資を行います。この指数に連動するインデックスファンドとして唯一つみたて投資枠対象となっています。

10位 ひふみプラス

■レオス・キャピタルワークス

アクティブ　国内株式

基準価額	6万1177円
信託報酬	1.078%以内
純資産総額	5812億7300万円
リターン(6カ月)	14.69%
リターン(1年)	30.37%
リターン(3年)	7.05%

「日本を根っこから元気にする」をコンセプトに、国内の成長企業を主な投資対象としています。定性・定量調査を徹底的に行い、現在の市場価値が割安な商品に長期的に投資を行います。

COLUMN 投資信託銘柄選びの基本

投資信託運用成績の評価基準「株価指数」を理解しておこう

株価指数

投資信託には株価指数に連動する成果を目指す「インデックス型」と株価指数を上回る成果を目指す「アクティブ型」があります。ところで、この「株価指数」とはいったいどんなものでしょうか。

世界各国には株式が売買される証券取引所があり、そこで取引されるすべての銘柄、もしくは特定の銘柄群の値動きを示すものが株価指数で、投信の運用成果の指針となります。例えば、「日経平均株価」は日本を代表する225社の株価、「S&P500」は米国の大企業500社の株価の動きを表しています。米国のIT企業中心なのが、「NASDAQ100」、日本を除く先進国株式「MSCIコクサイ・インデックス」、新興国株式「MSCIエマージング・マーケット・インデックス」なども主要な株式指数となります。

主要となる代表的な株価指数

日経平均株価	国内株式	日経225とも呼ばれる。東証プライム市場に上場する企業のうち代表的な255社で構成
MSCIコクサイ・インデックス	先進国株式	日本を除く先進国22カ国の上場企業の大・中型株で構成。米国の構成割合が高い
S&P500	米国株式	米国の全主要業種を代表する、流動性の高い500銘柄で構成されている
NASDAQ(ナスダック)100	米国株式	米国の新興企業向け株式市場であるナスダックに上場した銘柄が対象。GAFAMなどIT企業が中心
MSCIエマージング・マーケット・インデックス	新興国株式	新興国の主要銘柄を対象とした指数。中国、韓国、台湾の企業などが中心

第 2 章

知らないと大損する!?
新NISAの落とし穴

正しい使い方を知らないまま新NISAを始めるとせっかくのお得な制度が台無しになることも。ここではみなさんがつまずきやすい新NISAのポイントを解説します。

SECTION 01

ほったらかしの旧NISA口座がある人は要注意!

POINT

- 旧NISA口座があると、同じ金融機関に自動的に新NISA口座が開設される
- 旧NISA口座があるのに、別の金融機関で新NISAの口座開設手続きをすると、一般口座扱いになり税制優遇が受けられない

この章では、新NISAを利用する時の思わぬ落とし穴や勘違いしがちなことについて聞かせてください。

わかりました! 大前提として、**新NISA口座は1人1つ**しか持てません。**すでに旧NISA口座を持っている場合は、同じ金融機関に新NISA口座が自動的に開設**されます。つまり、2024年1月からは、同じ金融機関に旧NISAと新NISAの2つの口座があることになります。ただし、旧NISA口座では取引できず、**資産を保有するだけの「取引停止口座」**になります。

旧NISAと新NISAの資産は一緒になるのですか?

旧NISAで積み立てた資産は、旧NISA口座内で保有し続けることになります。積み立てを続けることも、新NISAに合体することもできません。どうなるかについてはP54で紹介しますね。

旧NISAの管理には注意します。他に注意点はありますか?

例えば旧NISAの口座をすでに金融機関に開設していたのに活用せず、開設していたことさえ忘れているような場合は注意が必要です。

「ほったらかしNISA口座」に注意！

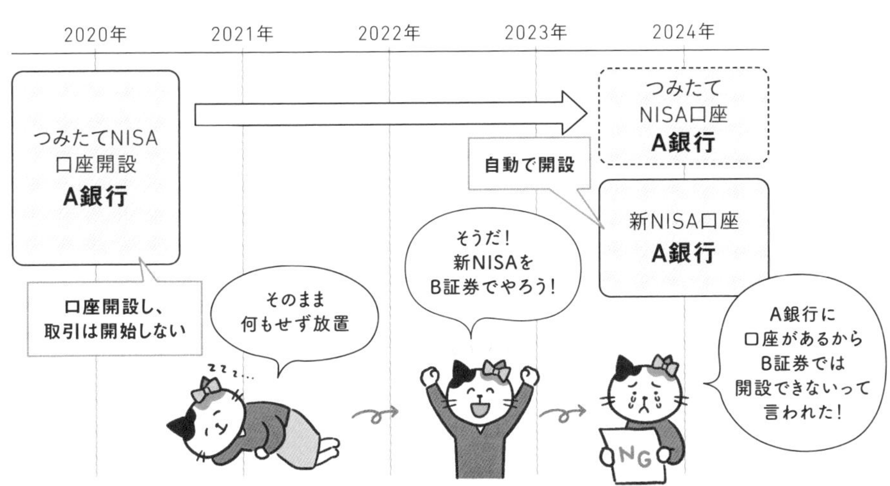

口座を開いたこと自体を忘れてる……。意外とありそう。

口座開設したことを忘れて、違う金融機関に申し込みをした場合、実は一時的に取引自体はできてしまいます。

えっ、取引ができちゃうんですか？

多くの金融機関では、NISA口座開設の申し込みをすると、「仮開設」として扱われ、審査完了前に取引が可能になります。だけど、実際はすでに新NISAの口座があるから開設できません。

取引した後、口座がつくれなかったらどうなるんですか？

その、仮開設で行った取引は「一般口座」へ移管され、その取引は課税対象になります。

せっかくの**NISAの税制優遇が無駄になる**んですね。

SECTION
02 金融機関の変更はいつでもできると思ったら大間違い

POINT

- 新NISA口座の変更手続きは、1年に1回のみ。変更のタイミングは、取引状況と手続きするタイミングによって異なる
- 変更前と変更後の両方の金融機関で手続きが必要

今持っている新NISA口座を銀行からネット証券へ変えたいのですが手続きすれば、すぐに新しい金融機関で取引できますよね?

すぐにできる場合と、できない場合があります。新NISA口座の場合、金融機関の変更ができるのは、1年に1回のみと決まっています。例えば、2024年5月に別の金融機関に変更したいと思ったとします。もし2024年になって、新NISA口座で1回でも取引があるとその年は変更できず、2025年の取引から変更になります。

取引している年の途中では変更できないんですね〜。

それともう1つ。たとえ、その年に取引がない場合も、9月末までに変更手続きを完了しないと、その年の変更ができません。

のんびり構えていると間に合わない可能性があるということですね。手続きは具体的に何をしたらいいですか?

まずは、変更前の金融機関に「金融商品取引業者等変更届出書」を本人確認書類と一緒に提出します。手続きの内容が受理されると、変更前の金融機関から、「勘定廃止通知書」または、「非課税口座廃止通知書」が郵送されてきます。

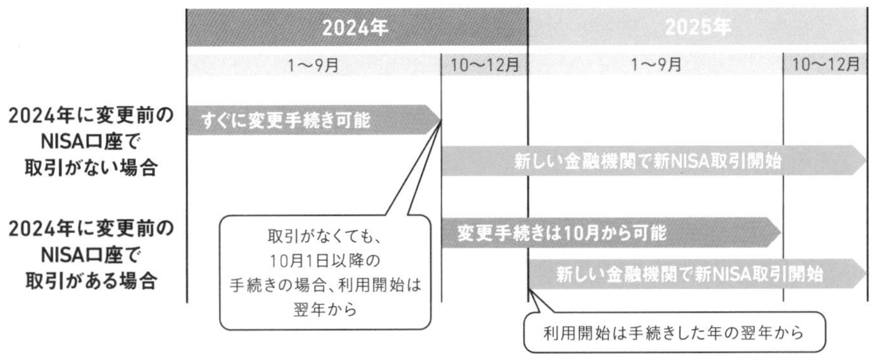

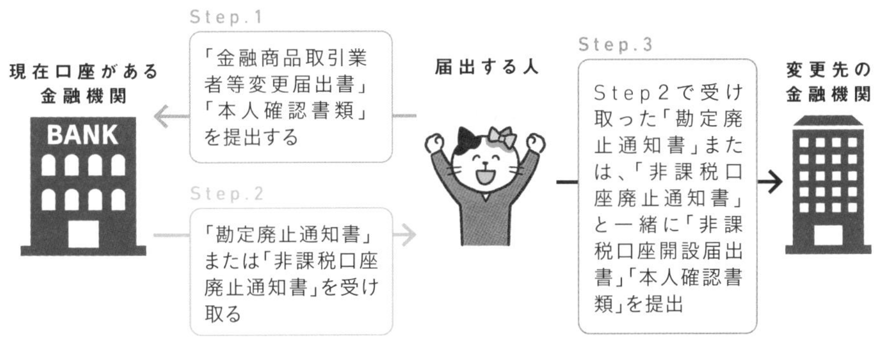

ここまでが、変更前の金融機関とのやりとりですね。

はい。それから、変更先の金融機関へ新NISA口座開設の手続きをします。変更先の金融機関へ**「非課税口座開設届出書」**と「勘定廃止通知書」または「非課税口座廃止通知書」を本人確認書類と一緒に提出することで手続きは完了です。

金融機関の変更は、早めに計画的に動くことが大事ですね。

SECTION
03 「50歳からの投資は遅い」という先入観は今すぐ捨てるべし!

POINT

- ☑ 積立額を家計の状況に合わせて変更しながら、最低でも15年間は積み立てを続けよう
- ☑ 年金生活に入っても使い道が決まっていない場合は保有を続ける

私、老後のお金も心配なのですが、その前に住宅・教育費の準備も必要だし、50歳くらいまでは、老後の資産形成は難しい気がします……。50歳から始めても老後資金はつくれますか？

そういう心配をされる方は、多いと思います。でも、心配ご無用。**50代は「人生最後の貯め時」**で、**老後資金を貯めるためのラストスパートをかけるタイミング**と覚えておいてください。ただし、1つだけ心にとめておいて欲しいことは、**15年間は積み立て投資を続ける**ことです。

15年間……。50代からだと難しそうな気がします。大丈夫かな？

そんなことはありません！　右ページは、50代から始めた場合の積立額の具体例です。たとえば、50〜55歳くらいまでは、子どもの教育費がまだまだかかります。この時期は、なんとか月2万円を捻出することを目指します。55歳を過ぎて、定年（60歳）までは、子どもが独立して、家計に余裕が出てくる時期なので、可能な限り積立額を増やして、資産形成のラストスパートをかけましょう。

積立額が変更できるから、家計の状況に合わせて適宜、積立額を変えていけばいいんだ。続けられそうな気がしてきました！

50歳以降の投信積立は最低15年続ける!

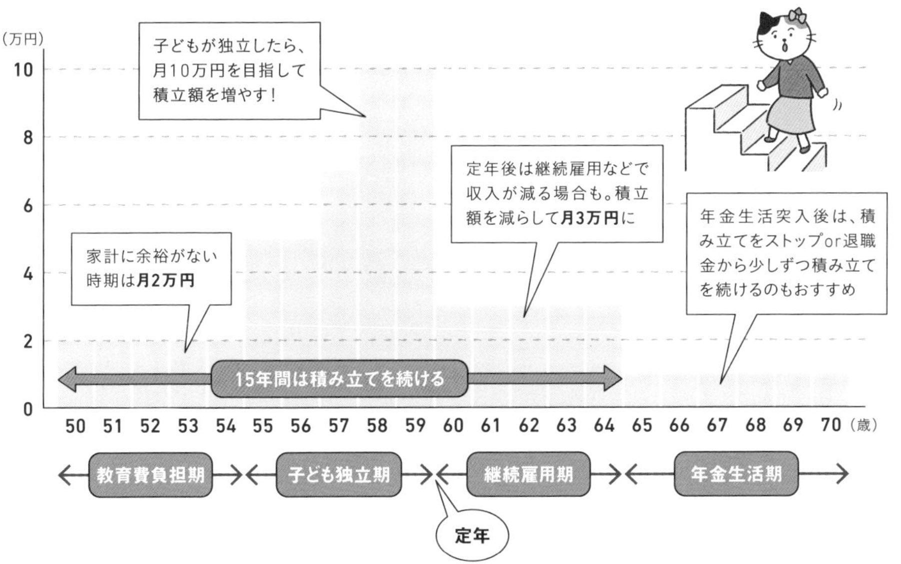

そうです。それに、今の時代は、定年後65歳まではもちろん、元気な限り働くことも可能です。そのため、収入がある間は、少額でも積み立て投資を続けていけば、**老後資金を増やせる可能性が高まります**。仕事を辞めて、年金に頼るようになったら、積み立てをストップして運用だけ続ける形でもOKです。

無理せず、できる範囲で積み立てを続ければいいんですね!

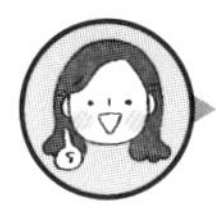

また、**退職金などの余裕資産がある場合は、その一部を少しずつ投資へ回すという方法**も考えられますよ。

目的があって使う場合は、必要な分だけ一部を売却して、残りは保有し続けることで、長期運用していくことも大切ですね。

SECTION

04 旧NISAの資産は、全額売却するという決めつけはNG

POINT

- ✔ 旧NISAの資産は、そのまま新NISA口座へ移管することはできないが、非課税期間満了までの運用は可能
- ✔ 売却はいつでもできるので、用途や市場の状況に合わせて売却のタイミングを考える

そういえば、つみたてNISA口座の資産をほったらかしにしています。新NISA口座は、旧NISAとは別の口座になるということでしたが(P48参照)、旧NISAの資産を新NISAに移せませんか?

旧NISA口座の資産を新NISA口座へ移管することはできません。新NISA口座へ移管して、1つの口座で運用したいと考えるなら、一度売却して、新NISA口座で積み立てていくなど、商品を買い直す必要があります。移管しないなら、つみたてNISAの非課税期間満了まで(最長20年)、非課税で運用を続けられます(一般NISAは最長5年)。

制度が終わっても非課税期間は、終わるわけではないんですね。

売却はいつでもできるので、とりあえずは**そのまま保有しておくことをおすすめします。**たとえば、右ページのように、2019年から2023年まで毎年40万円ずつ積み立て投資をしていたとします。この場合、投資総額200万円のうち、資金が必要なタイミングで、一部を売却。残りは、非課税期間満了まで運用し続ける方法もあります。

運用期間は長ければ長いほど増える可能性が高くなるから、急いで売却するのは、必ずしも得策とは限らないんですね。

つみたてNISAは20年間保有を続けてもOK

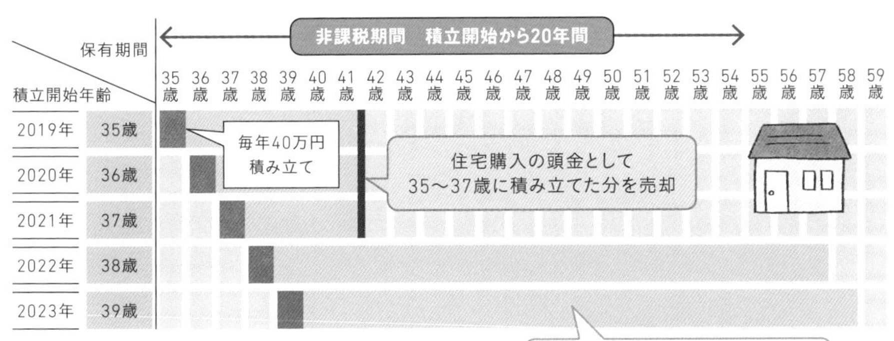

必要になるまでとりあえずほったらかし！ でいきましょう。ただし、非課税期間が終わるタイミングで、価格が大暴落してしまうリスクはゼロではありません。

となると、売却するタイミングに悩んじゃいますね。

そういったリスクを避けるためにも、**1年に1回など、タイミングを決めて、自分の資産の状況や市場の状況を確認しましょう**。非課税期間満了前でも、ある程度利益が出ている時に売却してもOK！ 使う目的が特に決まっていないなら、新NISAでの積み立ての資金として使っていく方法もあります。

新NISAでの運用になれば、非課税期間は無期限なので、利益が出るまでいつまでも待てますからね。

口座が1つになれば管理も楽になるし、それもよい方法ですね。いずれにしても、非課税期間が終わるまでまだ時間があるから、焦らずタイミングをみて、売却時期を決めるようにします。

SECTION

05 新NISAでつくった「教育資金」は18歳での売却がベスト?

POINT

- 新NISAでの大学費用の運用は、子どもが15歳を過ぎたら、定期的な市場チェックを心がける
- 利益が出ているタイミングで売却して安全な商品にスイッチ

子どもの大学費用は、新NISAで準備したいと考えているのですが、子どもが18歳になるギリギリまで運用を続けたほうがいいですよね?

確かに、教育費は、マイホーム資金や老後資金と同じように、確実に増やしていきたい資産なので、新NISAで運用していく場合、長期間の積み立てのほうが向いています。長期運用を実現させるためにも、子どもが生まれたらすぐに積み立て投資を始めましょう。ですが、**売却のタイミングは必ずしも子どもが18歳になるときがベストとは限らない**ということは、覚えておいてください。

えっ? ギリギリまで待ったほうが、運用期間も長くとれるから、有利ではないんですか?

繰り返しになりますが、投資商品は貯蓄と違って、何年後いくらまで増えるという保証がありません。投資商品の価格は上がったり下がったりするので、P55の非課税期間満了時の話と同じで、

18歳の時に期待通りの利益が出ているとは限りません。

そうでした……。でも、貯蓄より増える可能性が期待できそうだし、できれば新NISAで運用していきたいです。対策はありますか?

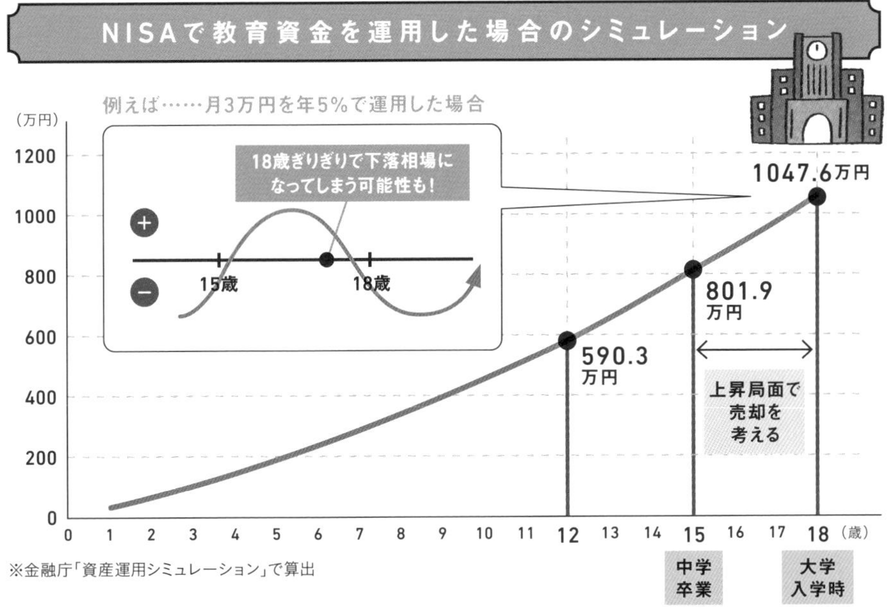

※金融庁「資産運用シミュレーション」で算出

おすすめしたいのは、子どもが15歳から18歳の間に、市場の状況をみて上昇局面が来たら売却して、**定期預金など元本保証の商品に預け替える**パターンです。

詳しく教えてください!

上の例のように、月3万円での積立投資が年5%で運用できた場合、子どもが12歳のタイミングでは約590万円に、15歳では約802万円になります。この金額なら大学の入学金や学費の大部分は賄えますので、18歳を待たずに売却しても十分な資金になり得ます。

なるほど。15年くらい運用期間を確保できれば、ある程度の長期運用ができることになるから、リスクも抑えることが期待できそう!

絶好の売却タイミングを逃さないためにも、子どもが中学を卒業したあたりから、市場の動きをチェックするようにしましょう。

SECTION 06

旧NISA非課税期間満了後も資産を保有している場合は?

POINT

- ☑ 旧NISA口座の資産は、非課税期間満了後も保有を続けるなら、課税口座へ移管される
- ☑ 課税口座に移管される時の時価が、新しい取得価格とみなされる

P54で、旧NISAの資産は、非課税期間満了までほったらかしでOKとお伝えしましたが、ここでは、非課税期間満了を過ぎても資産を保有し続ける場合の注意点を説明させてください。

期限が過ぎてもそのまま放置ってパターンですよね。一般NISAだと非課税期間が短いから、意外とありそう。

そうですね。売却せずに保有していきたい人もいるかもしれませんが、旧NISAは非課税期間が過ぎても保有を続ける場合、「課税口座(特定口座や一般口座)」へ移管されます。その後の運用益には、税金が課税されます。つまり、**非課税期間中に受けられた税制優遇は、一切受けられない**というわけです。

儲かっていたら、売却益に税金がかかっちゃうんですね。

さらにもう1つ。**課税口座へ移る時点の保有資産の「時価」が、「取得額」とみなされるのです。**例えば、右ページの例のように、旧NISA口座の資産は、100万円で購入していても、課税口座へ移る時の価格が下がっていて80万円の時価となっていると、課税口座では、80万円が取得額とみなされます。

旧NISAの非課税期間の満了時の注意は？

例えば…旧NISAで100万円投資をして、満了時に損益が出ていたら？

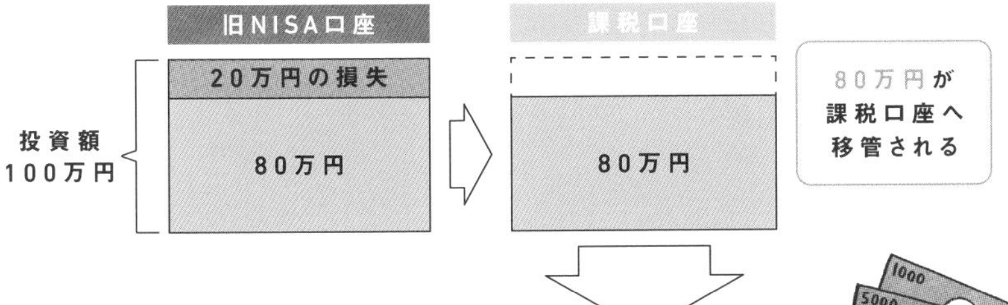

課税口座移管後、売却して利益が出た場合

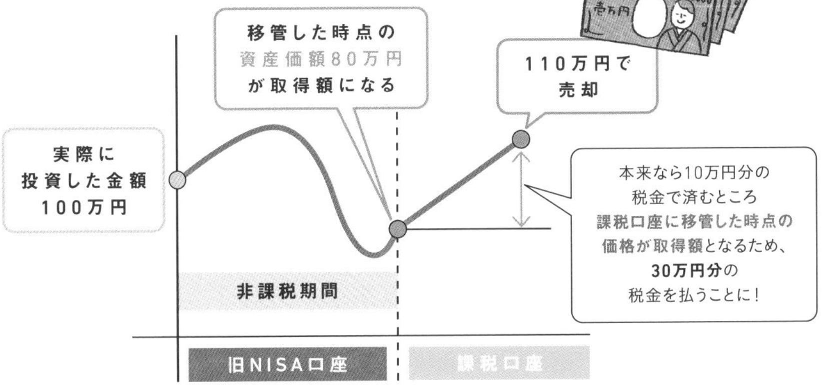

実際の購入額100万円を、80万円ってことにされちゃうんですね！　価格が元の投資額を上回ってから売却して利益が出たらどうなりますか？

価格が上がって売却すると、税金がかかってしまうだけでなく、税金を多く支払うことになります。詳しくは上の図を見てください。

非課税期間中で利益の出ている時に売却するのが理想ですね。

ただし、課税口座でかかる税金は、1年間に発生した利益と損益を相殺できる「損益通算」（P105参照）を使えば税金を減らせます。

SECTION 07

「成長投資枠」だけしか使わないのはもったいない

POINT

- ✔ 成長投資枠だけしか使わないと、非課税限度額は1200万円に減ってしまう
- ✔ 1800万円を無駄なく利用したいなら、つみたて投資枠と成長投資枠を併用する

新NISAでは、つみたて投資枠と成長投資枠を併用できるようになったから、株式投資もやっていきたいんですけど、いろいろ手を出すと大変だから、どちらかの枠に絞ったほうがいいのかなぁ。

どちらかだけに絞るかどうかは、皆さんの判断によるところなのですが、この場合1つだけ注意して欲しい点があります。ここで、新NISAについておさらいです。新NISAには1人あたりの非課税限度額があります。

知ってます！ **非課税限度額は1800万円**ですよね。

その通りです。この非課税限度額は、新NISAで導入された「生涯投資枠」という考え方ですが、つみたて投資枠と成長投資枠を合計した金額になります。そして、**この1800万円は、つみたて投資枠だけで使う場合は1800万円すべて使うことができますが、成長投資枠だけだと1200万円までしか使えません。**

成長投資枠の年間投資上限は240万円なので、成長投資枠だけの利用だと、上限まで使うと5年で限度額が一杯になりますね。

成長投資枠一択にすると、1800万円使い切れないということか！

成長投資枠一択にこだわると非課税枠が無駄になる!

非課税限度額	生涯投資枠 1800万円 うち成長投資枠 1200万円

年間限度額	つみたて投資枠 120万円	＋	年間限度額	成長投資枠 240万円

そうなんです。つまり、600万円分の非課税枠が使えずに残ってしまうということです。

600万円も! そう考えるともったいないですね。

せっかくの非課税枠が無駄にならないように、**2つの投資枠を併用すること**をおすすめします。例えば、株式投資をメインにしたいと考えるなら、成長投資枠で株式投資を1000万円、つみたて投資枠での積み立てを800万円など、成長投資枠のほうの比率を多くすることで、非課税枠を目一杯使うことができます。

わかりました。両方の枠の合計が1800万円ということを忘れないように、2つの枠を使うようにします!

SECTION
08 つみたて・成長投資枠のW管理は意外とカンタン!

POINT

- ☑ つみたて投資枠も成長投資枠も同じ画面で確認ができる
- ☑ 証券会社によって画面は異なるが、簡単に確認できるようになっているため自分の口座で確認しよう

新NISAは、つみたて投資枠も、成長投資枠も両方使ったほうがよいのは理解できたのですが、旧NISAもある人だと、3つも口座を管理しなくちゃならないから、大変そう……。

そうですね。でも新NISAは、つみたて投資枠も成長投資枠も1つの口座の中が2つに分かれているだけなので同じ画面で確認できます。実際の画面は証券会社によって異なりますが、どの会社でも簡単に管理できますよ。右の楽天証券の例で見てみましょう。

確かに、**同じ画面でチェックできますね。**

まずは、❶の**「NISA資産」で現在保有している総額がわかります**。旧NISAの保有がある人は、その分も合計されます。

旧NISAも一緒なのか～。別々に確認したい気もします。

それもできますよ。保有額の右横の矢印(A)をクリックすると詳細が表示されます。「口座区分」の切替で、「つみたてNISA」「つみたて投資枠」など各口座区分での保有状況を確認できます。❷の**「2024年のNISA投資額」は、現時点の投資総額がわかります。**

つみたて投資枠と成長投資枠は1つの画面で管理可能

※楽天証券（WEB画面表示）の例

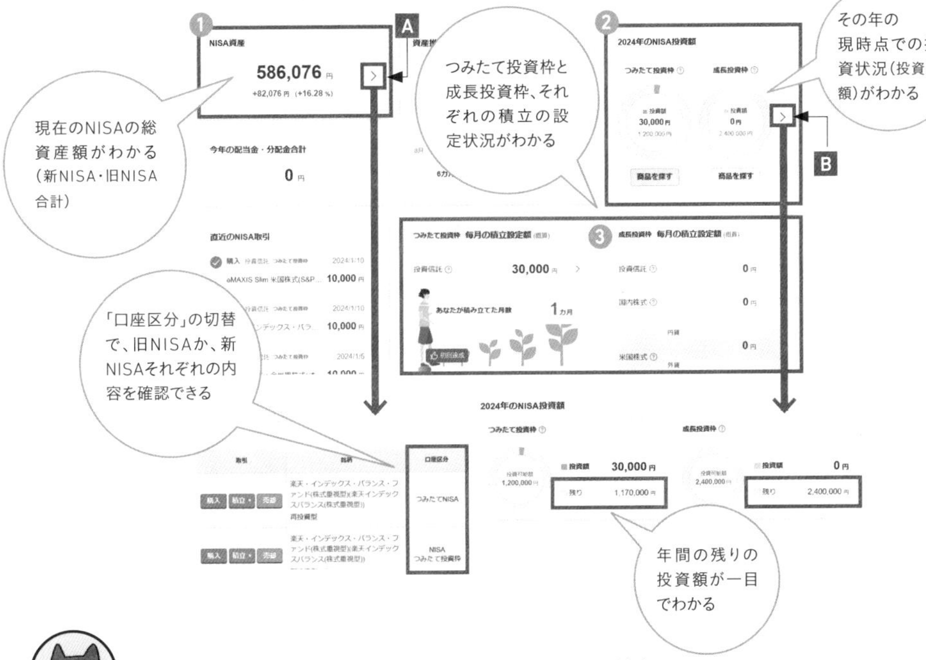

現在のNISAの総資産額がわかる（新NISA・旧NISA合計）

つみたて投資枠と成長投資枠、それぞれの積立の設定状況がわかる

その年の現時点での投資状況（投資総額）がわかる

「口座区分」の切替で、旧NISAか、新NISAそれぞれの内容を確認できる

年間の残りの投資額が一目でわかる

なるほど〜。わりと見やすくなっているんだな〜。

さらに、2024年のNISA投資額の右横の矢印（B）をクリックすると取引内容の詳細画面と、年間の残りの投資額がわかるようになっています。

残りの投資額が一目でわかるのはいいですね〜。

❸の「毎月の積立設定額」では、つみたて投資枠、成長投資枠それぞれで積み立てている毎月の金額がわかります。ほかの項目と同じように、右横の矢印をクリックすると、積立指定日、商品名、支払い方法など細かい情報を把握できます。

これなら、誰でもそれぞれの投資枠を簡単に管理できますね。

COLUMN 新NISAの落とし穴

新NISA口座での取引におけるメリット・デメリット

証券会社で口座を開設すると、はじめに課税口座がつくられます。課税口座はその名の通り、株式の売買益や配当に約20%の税金がかかります。種類としては、「特定口座（源泉徴収あり）」「特定口座（源泉徴収なし）」「一般口座」の３種類。一般口座と特定口座（源泉徴収なし）は、常に確定申告が必要で、「特定口座（源泉徴収あり）」も場合によって確定申告が必要になります。

一方、非課税口座である新NISA口座は、利用者が証券会社に申し込むことで課税口座とは別につくられます。**課税口座と新NISA口座はそれぞれ独立しているため、一方で保有している商品を他方に移すことはできません。**

新NISAは、利益が非課税なので、確定申告も不要になるメリットがある半面、**損益通算ができないというデメリットもあります。**損益通算とは、課税口座で損失が発生した場合、ほかの課税口座の利益と相殺することで税金を減らすことができる仕組みです。**新NISA口座では損失が発生しても損益通算ができないため、損失を確定する際は慎重に判断**しましょう。

新NISA口座と課税口座の違いは？

課税口座			非課税口座
「特定口座」（源泉徴収あり）	「特定口座」（源泉徴収なし）	一般口座	新NISA口座
取引内容を本人に代わって証券会社が計算。税金も証券会社が源泉徴収して納税してくれる	年間の取引内容を証券会社が計算し、売買や損益などが記載された「年間取引報告書」を発行する	年間の取引に関する内容を自分で確認し、損益などの計算もすべて自分で行う必要がある	非課税制度が適用となるので、確定申告は不要。ただし、他の口座との損益通算はできない

第3章

「成長投資枠」を賢く活用して大きく増やす!

「成長投資枠」は投資商品の選択肢が広く
使い方は自由自在。攻めの運用か、守りの
運用か、あなたにぴったりの活用法を教えます!

SECTION 01

「成長投資枠」の“3つの誤解”を徹底解説

POINT

- 成長投資枠でも、つみたて投資枠の対象商品を購入することができる
- 成長投資枠は一括投資でも積立投資でも、どちらを利用してもよい

みなさんは、成長投資枠での投資について、どんなイメージを持っていますか？

基本的には、株式投資にも興味がある中上級者向けのイメージですね。幅広い金融商品に投資できるのは魅力ですけど、投資初心者には、ややハードルが高そうです。

そういうイメージを持っている方は多いと思います。でも、実はそんなことはありません！　**投資初心者の場合、優先すべきはつみたて投資枠ですが、ある程度の余裕資金がある人は、成長投資枠もどんどん利用していただきたいなと思います。**

え！　そうなんですか？　もしかしたら、成長投資枠の使い方について、いろいろ誤解していることがありそうだな～。

成長投資枠について誤ったイメージを持っている人はミケ子さんだけではありません。そこで、成長投資枠について多くの人が持っている**「3つの誤解」**について解説していきますね。

誤解ポイントが3つも……。成長投資枠の使い方をばっちり理解したいので教えてください！

成長投資枠でも積立投資はできる！

年間360万円

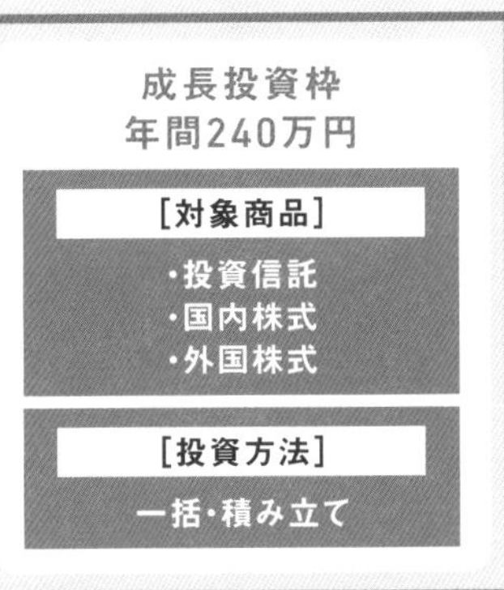

成長投資枠 年間240万円	つみたて投資枠 年間120万円
[対象商品] ・投資信託 ・国内株式 ・外国株式	[対象商品] ・投資信託 （つみたて投資枠対象商品）
[投資方法] 一括・積み立て	[投資方法] 積み立て

非課税保有限度額 1800万円

うち成長投資枠　1200万円

まず1つ目は「成長投資枠では一括投資しかできない」という誤解です。

積立投資もOKなんですか？　株式投資のイメージが強いから、てっきり「一括投資」しかできないと思っていました。

成長投資枠でも投資信託の積立投資はできます。つまり、「長期・積立・分散」の3原則を守りながら、資産を運用していくことができます。

でも、つみたて投資枠のように、金融庁が決めた厳しい要件をクリアした、長期の積立投資に適した商品は対象じゃないですよね？　そう考えると、投資初心者にはややハードルが高い気がしてくるんだけどな〜。

それも誤解なんです！　まさに今クロスケさんが言った「**成長投資枠ではつみたて投資枠の対象商品を購入することができない**」というのが、**2つ目の誤解**です。

えっ！？　それも違うのか～。すっかり、勘違いしていました。

つみたて投資枠対象の約280銘柄はすべて成長投資枠でも対象になっています。

つまり、**成長投資枠での投資は、つみたて投資枠で利用している商品とは違うものしか選べないという思い込みをまず捨てないといけませんね**。私も中上級者向けのリスクの高い商品しか投資できないって思い込んでいたけど、それは大きな間違いってことがよくわかりました。

その通りです。さらに、この2つの誤解のせいで、「**つみたて投資枠の対象商品は、月10万円までしか積み立てることはできない**」と思い込んでいる方も意外と多いのです。成長投資枠も利用して、つみたて投資枠対象商品を積み立てることで、毎月最高30万円まで、金融庁が決めた厳しい条件をクリアした商品に投資していくことだって可能なんですよ。

月30万円も積み立てができるなんて！ 家計に余裕がないと、その投資額は夢のまた夢ですが、しっかり覚えておきます。

さらに、つみたて投資枠では購入できない投資信託約1600銘柄も成長投資枠でカバーできます。お目当ての商品がある場合は、そうした商品を選んで積み立てていくというのもありですよ。

成長投資枠の対象商品には何がある？

上場株式

国内株式 （東京証券取引所など国内取引所で売買）※1		
国内株式 （約4000銘柄） ※IPO（新規公開株式）含む	ETF （上場投資信託） （約240銘柄）※2	J-REIT （不動産投資信託） （約60銘柄）

外国株式 （外国の証券取引所で売買）		
米国株式 （NY証券取引所/ NASDAQ証券取引所） 米国株も対象！	米国ETF（上場投資信託） （NY証券取引所/ NASDAQ証券取引所）	その他 中国、韓国、ロシア、ベトナム、インドネシア、シンガポール、タイ、マレーシアetc.

投資信託※2

つみたて投資枠対象商品 （約280本）	成長投資枠対象商品 （約1900本）

※1　整理、監理銘柄に指定されている銘柄を除く　※2　信託期間20年未満、毎月分配型、高レバレッジ型を除く

なるほど～。ちなみに、僕は株式投資もしたいと思っているのですが、NISAでは米国株投資はできませんよね？

いえいえ。**「購入できる株式は日本株のみ」というのが３つ目の誤解**です。株式投資と聞くと日本株のイメージが強いですが、上場株式であれば米国株も対象です。ただし、**株式投資は銀行ではできないので、NISA口座が銀行にある人は、証券会社へ口座の変更が必要**になります。

理解しているようで意外と勘違いしていることが多いことがよくわかりました！

SECTION 02

「成長投資枠」のおすすめ活用パターンはこの3つ

POINT

- ☑ コツコツ積立投資をしたい場合には、つみたて投資枠と同じ銘柄を成長投資枠で購入するのがおすすめ
- ☑ 積極的にリターンを狙いたい場合は、アクティブ型投信や株式などもありだが、リスクもあることは忘れてはいけない

先生！　成長投資枠を実際どのように活用すればよいかを知りたいのですが……。

わかりました。ここでは、おすすめのつみたて投資枠と成長投資枠の組み合わせ法を3パターンに分けて紹介しますね。まず、**積立投資でコツコツ資産運用したいという人におすすめしたいのが、「つみたて投資枠と同じ銘柄の投資信託を成長投資枠でも積み立てる」**方法です。

つみたて投資枠で、A社の先進国株式型インデックス投信を積み立てているとしたら、成長投資枠でも、同じA社の先進国株式型インデックス投信を積み立てるということですか？

その通りです。つみたて投資枠の投資上限額が年120万円のため、月10万円以上積み立てられない！　と思い込んでいる人がいます。そんな人は、右のCASE1の例のように、つみたて投資枠と成長投資枠の2つの枠を使って「先進国株式型インデックス投信」に投資するわけです。例えば月15万円積み立てることで、**つみたて投資枠の上限額以上の投資**ができます。

賢い成長投資枠の活用例

CASE1 投信積立の月額を10万円以上に増やしたい ⇒詳しくはP74へ

つみたて投資枠の月額上限10万円だとちょっと足りない

つみたて投資枠	先進国株式型インデックス投信	月10万円
＋		
成長投資枠	先進国株式型インデックス投信	月5万円

CASE2 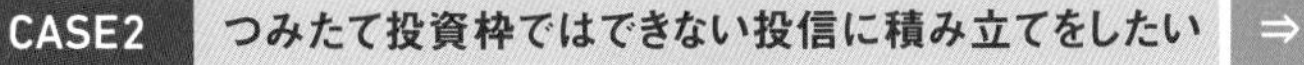

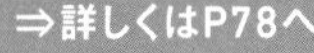
⇒詳しくはP78へ

CASE3 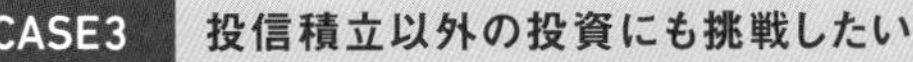

⇒詳しくはP84へ

管理しやすいから1つの投資信託だけで積み立てていきたいという人は、僕の周りにも結構います。そういう人はこの方法を活用すればいいんですね。

2つ目は「つみたて投資枠の対象外の投資信託を積み立てる」というパターンです。

つみたて投資枠対象外の商品ってちょっと心配……。どんな人が向いているのでしょうか？

この場合は、成長投資枠では**多少リスクを取っても値上がりが期待できる商品で積極的に運用したい人**、あるいは、**逆に債券型などローリスクの商品で慎重な運用をしたい人**におすすめの活用方法です。

僕は、リターンを狙った積極的な運用にも興味があります！

だったら、つみたて投資枠では長期間、同じ投資信託を積み立てて資産形成をしていきます。一方、成長投資枠では、**つみたて投資枠対象外の値動きの大きいアクティブ型などに投資するといった挑戦をしてみるのもありです。**

具体的にはどんな商品がよいですか？

P71のCASE2の例を見てください。つみたて投資枠で「全世界株式型インデックス投信」に月３万円、成長投資枠で「米国ハイテク株式アクティブ投信」に月２万円投資しています。つみたて投資枠で先進国の株式投信に積み立てをして幅広い投資対象をカバーし、**成長投資枠では米国の中でも、さらに高い成長が見込めるハイテク株式に投資するアクティブ型投信を選択します。**

投資信託の積み立てなら、多少のリスクがあっても1つで分散投資できるし、余裕資産の範囲で私もチャレンジしてみたいな～。

ただし、アクティブ型の場合は、**高いリターンが期待できる半面、リスクも大きくなる**ことは忘れないようにしてくださいね。

米国株式を牽引する分野だけに、高いリスクが伴うんですね。

3つ目のパターンが成長投資枠では「株式に一括投資をする」パターンです。P71のCASE3が一例で、つみたて投資枠で「先進国株式型インデックス投信」に月3万円、成長投資枠で、1回10万〜20万円で購入できる日本株に投資しています。

日本株のほうがおすすめなんでしょうか？

そうとは限りません。ただ、**初めて株式投資をするなら、自分がサービスを利用していたり、発売しているブランドのファンであったりする日本の会社に投資してみるのもよいと思っています。**

私は、自分の“推しのブランド”の会社に投資してみようかな〜。

ただし、日本株の株式投資には、銘柄によっては数十万円必要です。気軽に投資をしたら、購入後にどんどん値が下がって、含み損を抱えることも多々あります。少しでもそれを避けるために、自分にとって身近な日本の会社を選べば、過去の売上や利益推移などの情報が収集しやすく、また、興味も持てるはずです。**納得してから、投資を始めても遅くはありません。**

SECTION

03 「つみたて投資枠」の対象投信でガッツリ積み立てる

POINT

- 「1本で分散投資型」の場合には、幅広く分散投資ができる「全世界株式型(オールカントリー)」などを利用
- アメリカの経済成長の果実を得たいのならば、「なるべく米国集中型」で米国株式型の投資信託を複数本、積み立てる

ここまでの説明で成長投資枠についてだいたいはイメージできたのですが、つみたて投資枠対象投信を成長投資枠で積み立てる場合の銘柄選びを具体的に教えてください。

わかりました。1つ目は「1本で幅広く分散型」です（右図参照）。**1本に集中する場合は、投資対象が幅広く分散されているものを選ぶのが鉄則**です。代表的な銘柄としては、投資地域が全世界の株式に分散されている「全世界株式型」や、投資対象が幅広い「8資産均等バランス型」などが考えられます。ほかにも日本を除く外国株式、先進国株式など、分散の効いた投信が揃っていますよ。

僕は1本に絞るのではなく、複数の投信にわけたいと考えています。2つ目と3つ目は複数本へ投資のパターンですか？

はい。**複数本に投資したい場合、「つみたて投資枠」では比較的、幅広く分散された安定的な投信を1本選んで積み立てます**。その分、「成長投資枠」では、つみたて投資枠対象商品の中でも、投資対象や投資地域が絞られている投信を選んで、値動きの幅や特徴を調べて投資するといいでしょう。

投信積立は投資対象でバランスを取る

1 1本で幅広く分散型	2 なるべく米国株集中型	3 違う地域に投資型
つみたて投資枠	**つみたて投資枠**	**つみたて投資枠**
eMAXIS Slim 全世界株式（オール・カントリー） 10万円	SBI・V・S&P500インデックス・ファンド 10万円	eMAXIS Slim 先進国株式インデックス 10万円
成長投資枠	**成長投資枠**	**成長投資枠**
eMAXIS Slim 全世界株式（オール・カントリー） 5万円	iFree NEXT FANG+インデックス 2.5万円 / ニッセイNASDAQ100インデックスファンド 2.5万円	iTrust インド株式 2.5万円 / ニッセイ日経225インデックスファンド 2.5万円

なるほど。それでは2つ目のパターンはどのような選び方になりますか？

「同じ投資地域に投資する」けれど、投信を複数本に分散させるタイプです。ここでは「米国株集中型」を取り上げます。

それって、米国株式型の投資信託を中心に選ぶってことですよね。どんな人におすすめですか？

世界経済の中心である米国の株式市場は長期にわたって右肩上がりで成長を続けており、今後もさらに拡大していくことが予想されています。こうした**アメリカの経済成長の果実をしっかり得たいという人向きです**。つみたて投資枠では、米国株式の代表的な指数「S&P500」に連動した**「SBI・V・S&P500インデックス・ファンド」**に積み立てて、米国経済全体の流れにのります。

S&P500はよく耳にする指数の名前で、聞いたことあります！

そうですね。S&P500はその時代の米国の経済成長を支える銘柄に常に入れ替えられており、米国の経済成長＝S&P500といえます。米国経済が悪い時には下落もありますが、長期間で見ればもっとも確実に米国経済の成長にのっていける指数です。

一方、成長投資枠は米国株のどんな銘柄を選ぶのですか？

米国株の中でも、さらに投資対象を絞った米国株式型の投資信託を選びます。ここでは**「iFreeNEXT(アイフリーネクスト) FANG(ファング)＋インデックス」**と**「ニッセイ NASDAQ(ナスダック)100インデックスファンド」**を選びました。

これらを選んだのは、どうしてですか？

この2つの投信は、最近人気の高い株価指数（P82参照）に連動しています。FANG＋は、主要銘柄であるFacebook、Amazon、Netflix、Google（※）の頭文字をつなげたもの。また、NASDAQ100は、米国の新興企業向け株式市場NASDAQ上場企業のうち、金融業を除く時価総額上位100社の株価指数です。ともに、**株価が上がって調子のよい時は高いパフォーマンスが期待できますが、急落のリスクも一定の確率であることは忘れないでくださいね。**

わかりました。**インデックス投信を選ぶ際には、連動する株価指数がどんな指数なのかをよく見極める必要がありますね。**

そうなんです。投信の名前には、投資対象の株価指数の名前が入っていることが多いので、気になる銘柄があったら、まずどんな株価指数と連動しているのか見るようにしましょう。

※Facebook：現メタ・プラットフォームズ、Google：現アルファベット

最後の3つ目は**「違う地域に分散型」**です。この例では、つみたて投資枠は、先進国の株式に幅広く投資して、比較的安定した運用を目指しますが、先進国の中に日本は含まれていません。

先進国株式型だけど、日本株を含まない銘柄なんですね!

はい。欧米諸国が投資対象で、日本株だけは除外されます。MSCIコクサイという株価指数に連動しており、「コクサイ」とは「国際」、つまり日本人向けに、日本株以外の国際的な株式に投資できるようつくられた指数なんです。ここでは**「eMAXIS Slim先進国株式インデックス」**を利用します。

先ほど、地域分散といっていましたが、成長投資枠ではもっと違う地域に投資するということですか?

その通りです。この例の成長投資枠では、**「インド株式」**と**「国内株式」**に投資する投信を選び、今、アジアで株式市場が元気な2カ国に投資をしていきます。

具体的にはどんな商品になりますか?

「国内株式」は、**「ニッセイ日経225インデックスファンド」**です。日経平均株価指数という日本を代表する225銘柄の株価に連動する指数です。**「インド株式」**は、**「iTrust(アイトラスト)インド株式」を選びました。つみたて投資枠対象で唯一のインド株投信です。**

現在、インド株式市場は伸びていて、インドの代表的な株価指数「SENSEX(センセックス)」は投資家の間でも注目されていますよね。世界的なIT企業が目白押しな点も期待が持てそうです。

SECTION
04 「成長投資枠」でしか投資できない投信を狙ってみよう

POINT

- リターンを積極的に狙っていきたいなら、成長投資枠ではアクティブファンドなどを選ぶ方法も
- 安定運用を志す場合は、つみたて投資枠では選べない債券型を選ぶのもあり

次は、成長投資枠でしか買えない具体的な投信の銘柄について教えてください。

わかりました。成長投資枠のみ対象の投信は、約1700ありますが半数以上は株式型です。注目したい1つ目は、**「アクティブ型投信」**。精鋭のリサーチ部隊を擁したファンドマネジャーが長年好成績をあげている商品がたくさんあります。2つ目は、**値動きが穏やかな「債券型」**です。**つみたて投資枠は株式型がほとんどですから、運用期間が短期間になってしまうシニアや値動きが苦手な人は、債券型が選択肢**となります。3つ目は、**「REIT型」**や**「ゴールド型」**などになります。

たくさんあるんですね〜。いったい、どうやって選べばいいですか?

P79の例で解説しますね。**1つ目は「安定&こだわりファンド派」**。つみたて投資枠は「全世界株式型」など定番の銘柄で無難な運用を目指します。成長投資枠は、アクティブ型投信に投資します。

あれ? P30で見てきたように、アクティブ型は長期運用では、インデックス型に実績面でかなわないのでは?

「成長投資枠×投信積立」の考え方

パターン1　安定&こだわりファンド派

つみたて投資枠		成長投資枠
eMAXIS Slim 全世界株式 （オール・カントリー） 10万円	+	アライアンス・ バーンスタイン 米国成長株投信Bコース （為替ヘッジなし） 5万円
無難		こだわり

成績優秀な
アクティブファンドや
特定の投資対象ファンドに
投資をしたい

パターン2　安定運用ファンド派

つみたて投資枠		成長投資枠
eMAXIS Slim バランス （8資産均等型） 10万円	+	eMAXIS Slim 先進国債券 インデックス 5万円

安定

つみたて投資枠では
できない
“ファンド”に投資がしたい

パターン3　あくまで分散投資派

つみたて投資枠

- eMAXIS Slim 新興国株式インデックス 1万5000円
- SBI・V・S&P500インデックス・ファンド 4万円
- eMAXIS Slim 先進国株式インデックス 3万円

こだわり

＋

成長投資枠

- ニッセイグローバルリートインデックスファンド 5000円
- eMAXIS Slim 先進国債券インデックス 5000円
- SBI・iシェアーズ・ゴールドファンド 5000円

つみたて・成長投資枠
あわせて米国株40％、
先進国株30％、新興国株15％、
債券・金・不動産各5％の
組み合わせで
投資がしたい！

たしかに、そういう定説もあります。しかし中には、インデックスの成績を超えるものもあるので、そういった投信を選びましょう。また、アクティブ型投信を選ぶ場合に必ずチェックして欲しいのは、**トータルリターン(10年)の数値です。これが、カテゴリ平均を下回っているファンドには手を出さないほうが無難**です。

わかりました。2つ目はどんな選び方になりますか？

リスクをなるべく最低限にしたい人向けの「安定運用ファンド派」です。つみたて投資枠では、8資産均等型投信に積み立てをします。つみたて投資枠対象商品の中では、比較的値動きの小さい商品です。さらに、**成長投資枠では、つみたて投資枠対象外の「債券型の投資信託」に投資することで、さらに安定運用を目指せます。**

つまり、成長投資枠でも、**商品の選び方によって投資リスクを抑えた運用もできる**ってことですね～。

はい。例えば、年齢が50代以上で、NISAを老後資金に活用したい場合などは、攻めよりも守りの運用を重視すべきです。こうした場合、**成長投資枠で債券型ファンドを選んでおくことで、リーマンショックなど、株価が大暴落するような不測の事態に備えられます。**

3つ目はどんな選び方になりますか？

投資する資産の組み合わせや、その比率を株式や債券以外も含めて、幅広く分散する選び方で、**「あくまで分散投資派」**です。P79の例では、米国株式型40％、先進国株式型30％、新興国株式型15％に加え、債券型・ゴールドファンド(※)・REITを各５％を選んでいます。**自分で銘柄を組み合わせて、利益がでるように運用していくには、ある程度の投資知識が必要**になります。

成長投資枠は選べる投資信託が豊富な分、いざ選ぶとなると大変ですよね。投資信託を選ぶうえで、何か参考になるものがあると助かるのですが……。

そうした場合には、証券会社の投資信託のランキングページを見てください。例えば、下図はSBI証券のサイト内にある「**投資信託のランキング**」です。これは全体のランキングですが、サイト上では投資信託の種類別にランキングを見ることもできます。成長投資枠で購入できる商品の場合、商品名の下に「NISA(成長)」というタグが付いています。

う〜ん。私、数字が苦手なんですよね……。

そんな人に注目してほしいのは**商品の評価を示す「レーティング」**。**基本的にはレーティングが星4つ以上の商品を選ぶようにしておけば、間違いはないかと思います。**

※世界の取引所に上場している金地金価格への連動を目指すETFへ投資するファンド

成長投資枠で購入する有望銘柄はここを見る

(画面はイメージ　SBI証券の例)

順位	ファンド名	分類	基準価額(前日比)	純資産(百万円)	トータルリターン(1年)	レーティング
1 → (1)	三菱UFJ－eMAXIS Slim 全世界株式(オール・カントリー) 積立 NISA(成長) NISA(つみたて)	国際株式	21,339 (+228)	2,031,043	30.42%	★★★★
2 → (2)	三菱UFJ－eMAXIS Slim 米国株式(S&P500) 積立 NISA(成長) NISA(つみたて)	国際株式	24,944 (+305)	3,188,640	34.63%	★★★★★
3 (3)	SBI－SBI・V・S&P500インデックス・ファンド 積立 NISA(成長) NISA(つみたて)	国際株式	22,823 (+298)	1,273,804	34.48%	★★★★
4 ↑ (5)	ニッセイ－<購入・換金手数料なし>ニッセイNASDAQ100インデックスファンド 積立 NISA(成長)	国際株式	14,425 (+193)	51,241		
5 ↓ (4)	SBI－SBI日本高配当株式(分配)ファンド(年4回決算型) 積立 NISA(成長)	国内株式	10,719 (+79)	24,495		
6 ↑ (7)	大和－iFreeNEXT FANG+インデックス 積立 NISA(成長) NISA(つみたて)	国際株式	43,381 (+712)	56,610	110.14%	★★★★

COLUMN つみたて投資枠対象指数の分類

インデックス型投信でもアクティブ型に並ぶ成績も?「実力派インデックス型投信」に注目

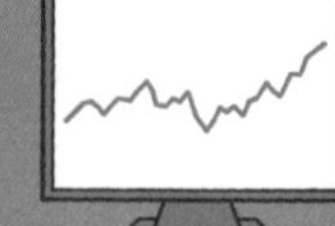

つみたて投資枠の対象商品は指定インデックス投資信託と、それ以外の投資信託に大きく分けられます。**指定インデックス**とは金融庁が指定している、日経225やTOPIX、S&P500、MSCIオール・カントリー・ワールド・インデックスなど有名な株価指数です。これらに連動するインデックス型投信は安定した運用成績を出し続けており、長年にわたり人気の商品です。

一方で、新NISAの開始以来、ひそかに支持を集めているのが**指定インデックス以外の投資信託**です。NYSE(エヌワイエスイー) FANG(ファング)+やS&P500配当貴族など、あまり聞きなじみのない指数に連動するインデックス型投信は多くあり、中にはアクティブ型投信に並ぶ運用成績をあげているものもあります。

そもそも、指定インデックス以外の投資信託がつみたて投資枠の対象商品として認定されるためには**「純資産額50億円以上」「信託設定以降5年以上経過」**などの厳しい要件を満たす必要があります。つまり、継続的な人気と長い運用実績がないと選ばれないため、認定された投信のうち好成績をあげているものは**「実力派インデックス型投信」**として注目されています。

指定インデックス以外の注目の指数

指数名	内容
NYSE FANG+	Facebook、Amazon、Netflix、Googleの頭文字をつないだ「FANG」にアップルやエヌビディアなど米国企業6社を加えた10銘柄の株価指数
NASDAQ100	米国の2大株式市場の1つであるNASDAQに上場する銘柄のうち、時価総額上位100社で構成される株価指数
S&P500配当貴族	米国を代表する500社の中から、「連続増配25年以上」「時価総額30億米ドル以上」といった厳しい条件をクリアした銘柄で構成されている

NYSE:ニューヨーク証券取引所のこと。 Facebook:現メタ・プラットフォームズ Google:現アルファベット

第4章

日本株&米国株の投資テクの正解が知りたい!

実際に成長投資枠で株式投資をする場合、
どうやって資産を増やすのでしょうか?
日本株・米国株を中心に新NISAを使った
活用法をわかりやすく説明します。

SECTION

01 日本株に投資をするなら、まずは戦略を決めておく

POINT

- ✔ 成長投資枠で株式投資をする場合、儲けを狙うか、配当・プレゼントを受け取るかによって選ぶべき銘柄は変わる
- ✔ 新NISAの場合は、毎年確実にリターンがある「高配当株」や「株主優待株」がおすすめ

先生！　成長投資枠で株式投資をする場合の銘柄選びのコツを知りたいのですが？

株式投資をする場合は、主に**「積極的に儲けを狙う」と「配当・プレゼントを狙う」という2つの戦略があります。**どちらの戦略を取るかによって選ぶべき銘柄も変わってきます。

株式投資は、「積極的に儲けを狙う」イメージが強いです。

積極的に儲けを狙う場合は、今後の将来性に期待できる「成長株」や、株価本来の価値よりも割安な価格で取引されている「割安株」を狙って売買益を得る投資法になります。

大きく成長しそうな会社に投資……そうできたらいいですね～。

NISAなら、**値上がり益をすべて非課税で受け取れる**ので、積極的に儲けを狙う投資はメリットが大きいです。その一方で、資産を大きく減らす危険もあります。

大きく儲ける可能性があっても、大損の危険もあるなら、やっぱり怖いな～。「配当・プレゼントを狙う」戦略も詳しく教えてください！

日本株の銘柄探しはまず目的を決める

	売買で積極的に儲けを狙いたい		配当・プレゼントを狙いたい	
	成長株	割安株	高配当株	株主優待株
どんな株？	・将来株価が2倍、3倍と値上がりする可能性がある ・聞いたことのない会社名のことも	・株価が割安で値下がりリスクが低い（金額が安いという意味ではない）	・1年に1回、または2回受け取れる配当金が高い	・1年に1回、または2回株主に自社商品や金券などがプレゼントされる
どんな人向け？	・大損の可能性があっても、大儲けに賭けたい人向け	・大会社の株を持って、ひょっとしたら値上がりするかもと期待したい人向け	・利息の代わりに配当金を受け取りたい	・長期間保有してお得を楽しみたい人

長期的な運用を目指す
新NISAの狙い目は高配当株！

配当利回りの高い「高配当株」と株主への還元として優待品を受け取る「株主優待」があげられます。詳しくは、次頁で解説しますが、私のおすすめは「高配当株」です。

こっちは、大きなリターンは期待できない気がしますが……。

たしかに、大儲けする可能性は低くなります。でも、**配当を受け取るほうが、市場の動きに左右されず確実にリターンを得られます。**また、成長投資枠は、年間240万円超は購入できないので、株価が高く投資額が高額な銘柄の場合、年間2～3銘柄程度の取引が限度。売却しても翌年以降にしか投資枠が復活しない新NISAでは、短期間の売買で利益を得る投資法には向いていません。この点もふまえると、**選ぶべきは「高配当株」**なんです。

SECTION 02

日本株は「高配当株」を狙うのがベストなワケ

POINT

- ☑ 新NISAなら配当も非課税。ただし、受取方法には注意が必要
- ☑ 高配当株選びは、配当利回りだけでなく過去の配当実績や経常利益などを必ずチェック!

「高配当株」や「株主優待株」を狙うほうがよいことは理解できたのですが、それぞれの特徴をもう少し詳しく知りたいです。

まずは「高配当株」から解説しますね。多くの上場企業では、株主への還元のために配当を支払っています。その中でも、株価に対する配当の割合(=配当利回り)が特に高い銘柄を「高配当株」と呼びます。4%以上の配当利回りのある銘柄を高配当株とみなすことが多いのですが、なかには6%を超える銘柄もあります。

なんと6%も! それはすごいですね。

新NISAの配当金の受取方法は4つ

方式	内容	方式	内容
① 配当金領収証方式	郵送された「配当金領収書」を郵便局へ持参して現金を受け取る	③ 登録配当金受領口座方式	保有する全銘柄の配当金を指定した銀行口座へ振り込んでもらう
② 株式数比例配分方式	保有する全銘柄の配当金を証券口座で受け取る	④ 個別銘柄指定方式	銘柄ごとに「配当金振込指定書」を提出、指定した銀行口座へ振り込んでもらう

選ぶのはコレ!(②株式数比例配分方式)

新NISAは配当も非課税ですから、優良な銘柄を長期間保有して配当をコツコツ受け取っていくのが、賢い活用術になります。

確かに。ずっと持ったままで、定期的に配当を受け取れるのはうれしいですよね。

ただし配当を受け取る場合に注意すべき点があります。配当の受取方法は左下のように4つの方法がありますが、**配当を非課税で受け取るためには「株式数比例配分方式」を選ぶ必要があります。**他の受け取り方法にしてしまうと、課税されてしまうので、口座を開くときに注意して選ぶようにしてくださいね。

「株主優待株」の特徴はどんなものですか？

「株主優待株」は、株主への還元として自社商品や優待券などを提供する銘柄です。ここでポイントとなるのが、**株主優待は原則税金がかからない点**です。

つまり株主優待株だと、せっかくの**新NISAの非課税メリットが活かせないってことか〜。**

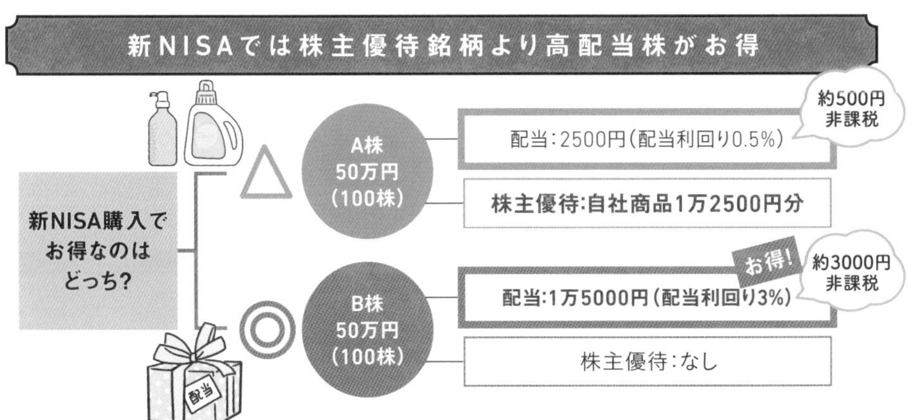

そうなんです！　P87の図は、A株(配当が2500円、株主優待が1万2500円相当)、B株(配当が1万5000円)を比較したものです。どちらの銘柄も株価は50万円なので、配当＋株主優待の金額換算利回りは同じ3%です。ただ、配当に対する税金はA株では約500円、B株では約3000円となります。**B株を保有したほうが、非課税メリット＝新NISAメリットを享受できる**わけです。

せっかく新NISAを使うんだったら、株主優待がある銘柄より高配当株を優先したほうがお得だということですね～。

ただし、高配当株だからってなんでもよいわけではありませんよ。**配当利回りは「配当（年間）÷株価」で算出**されます。株価が25万円（100株）で配当5000円なら配当利回り２%ですが、業績悪化が見込まれて株価が10万円に下がると、配当利回りは逆に５%と高くなります。

業績の推移はここをチェックしよう！

（トレンドマイクロ株式会社の例　2024年1月11日時点）

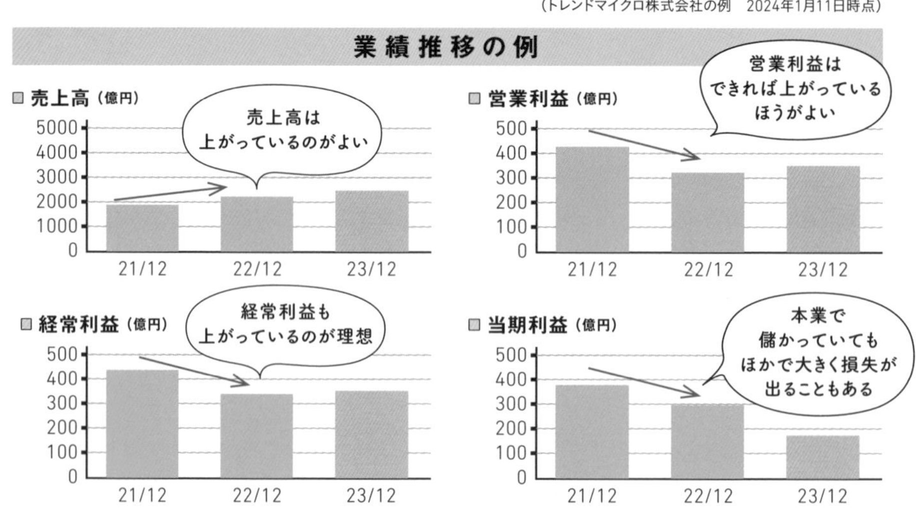

出所：株式会社アイフィスジャパン「株予報」の【業績推移】を例として一部抜粋

そうか！　配当利回りだけを見て、銘柄を決めてしまうと業績が悪化していたり、今後業績悪化が見込まれる株に投資してしまう危険があるってことですね。**高配当株が必ずしも有利とは限らない**のか。

そうなんです。企業の業績が下がれば、その翌年以降に、配当を減らす「減配」や配当をゼロにする「無配」になる可能性もあります。そうした銘柄に手を出さないためにも、購入前には**業績推移を必ずチェックすること**が大事です。業績は例えばYahoo！ファイナンスの「業績予報」から確認ができます。

なんだか難しそう。具体的にはどこを確認すればいいですか？

特に注目してほしいのが**「売上高」**と**「当期利益」**です。これらが1期前から今期にかけて下がっていると危ないサイン。また、各企業の公式サイト「投資家向け情報」などの決算情報を見ると、必ず、今後の決算の予想数字も出ています。

会社側では、期の途中になれば、1年間で売上が上がりそうか、利益が出そうかなど、予測がついているわけですよね。それも発表されているんですね。

実は、発表するのがルールになっていますから、その予測を見て、株価が急速に上がったり、下がったりすることもよくあります。これから、業績が悪くなると発表されていたら、当然、次の年の配当も減配になったり、無配になったりします。**配当利回りは、すでに出された配当で計算されていることも多いので、ズレが生じるのです。また、直近の配当利回りだけでなく、過去の配当実績も必ず確認**するようにしてくださいね。

SECTION

03 日本株投資を実際に始める前に知っておきたい「作法」

POINT

- ☑ 日本株の取引き時には、購入株数と取引希望価格の設定が必要
- ☑ NISA口座での株取引は年間上限額に注意。売却した分は翌年購入価格分の非課税枠が復活する。配当は非課税枠とは関係なし

ここからは、実際に日本株を購入する場合に覚えておくべきポイントと、新NISAを利用する場合の注意点があるので順番に解説していきますね。まずは、買い方のポイントからご説明します。買いたい銘柄が決まったら、購入画面から銘柄を検索します。右ページの例は、「トヨタ自動車」が銘柄名、その横のカッコの数字が「証券コード」です。

すみません。証券コードってなんですか？

証券コードとは、銘柄を識別するためのもので、証券取引所で売買される上場株式にはすべてこのコードが設定されています。また、株の取引の種類に「現物買」「信用買」がありますが、**現金で株を購入する通常取引の現物買を必ず選ぶようにしましょう。**

ところで、日本株って、**どうして何十万円もするのですか？**

その理由は、日本株の売買単位（＝単元株）は100株と決まっているからです。つまり、株価が2600円の銘柄を購入したい場合は、最低でも2600円×100株＝26万円が必要になります。また、**取引が行われている時間帯の株価は変動するので**、取引希望価格の設定も必要です。

株式注文の仕方（画面はSBI証券の例）

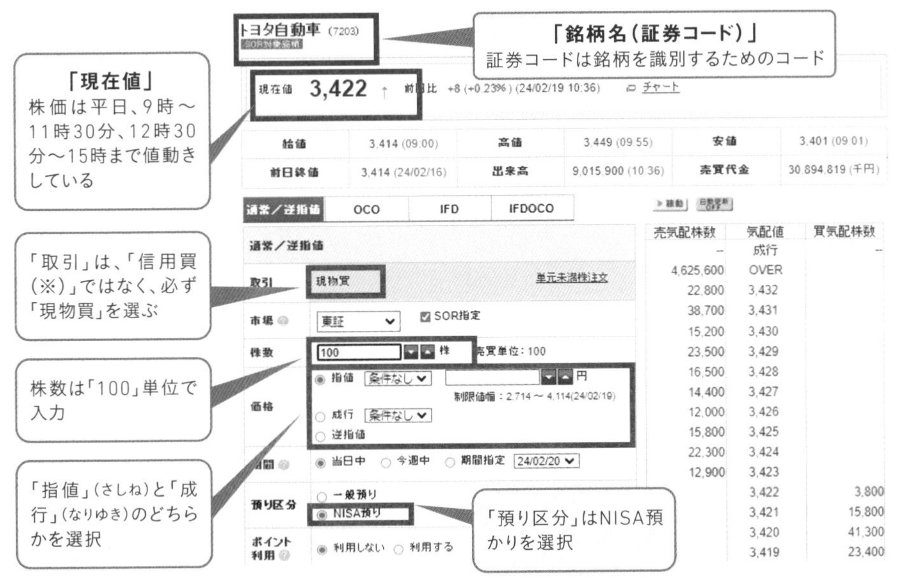

※信用買とは、現金や保有している資産（株や投資信託等）を担保に証券会社にお金を借りて買付すること

先生！　取引希望価格っていったい何のことですか？

日本株などの上場株式は、**取引が行われる時間（＝立会時間）が決まっています**。株価は立会時間の前場（ぜんば）と呼ばれる9時～11時30分の間と後場（ごば）と呼ばれる12時30分～15時の間は変動します。

株ってそういう仕組みで値動きしているんですね。

そのため、株を購入する際は**株価が○○円になったら買うと設定する「指値（さしね）」と、現状の株価で買う「成行（なりゆき）」のどちらかを選び購入します**。成行の場合は、いくらでもいいから市場価格で買うという注文なので、現在の取引可能な価格で、売買が成立（＝約定（やくじょう））します。

昼間は仕事だから、注文する時間がないかもしれません。

ネット証券を利用すれば、24時間売買予約ができます。夜中に発注して、翌日の昼間に自動的に取引成立というのも可能です。

それなら、仕事をしていても安心ですね！

次は、**新NISA枠を使う場合の注意点**をお話しします。まずは、売却した場合に再利用できる金額の勘違いに気を付けてください。右の例のように、A株を50万円で購入し、途中で60万円に上昇したタイミングで売却したとします。この際に、**復活（再利用）するのは「購入時の価格（＝簿価（ぼか））」**なので、**売却時の60万円ではなく、50万円分**です。

購入時の価格で考えるわけですね。メモしとこうっと。

また、その枠は翌年以降の復活になりますので、その年は使えません。売却したら、すぐに枠が復活すると時期を勘違いしている人が多いので、気を付けてくださいね。

売った価格ばかりに目がいって、間違えてしまいそうだな～。

それから、生涯投資枠1200万円（成長投資枠）と年間投資枠240万円があることも忘れないでください。**50万円が翌年復活しても、年間投資枠が290万円になるわけではありませんからね。**

株式の売買を短期間で繰り返す場合、年間240万円の上限に注意！

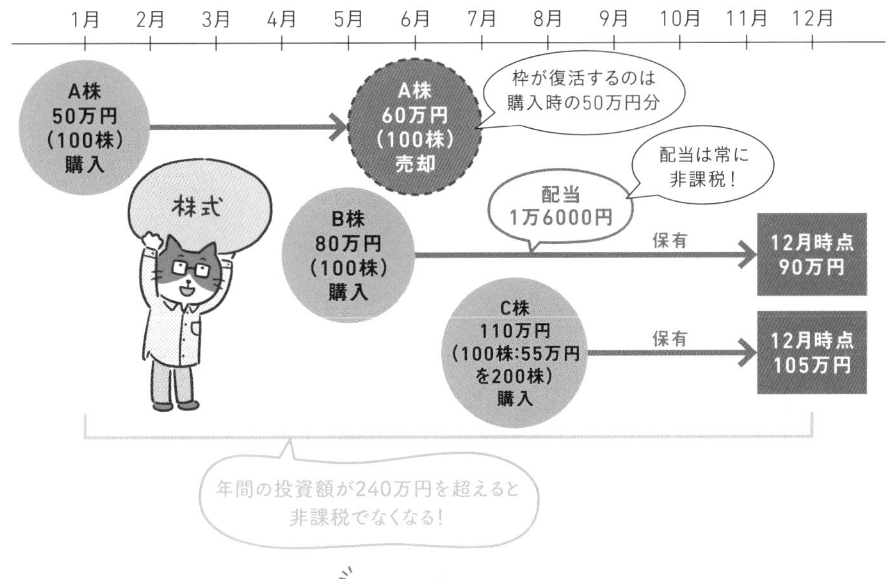

注意ポイント！

- □ 1年の途中で売却してもその分の投資枠の復活は翌年以降
- □ 投資上限額は1月～12月の1年間の購入で240万円まで。その後株価が上がっても関係ない
- □ 年間上限240万円まで投資しても配当金は非課税になる

上の例だと、1年間に3銘柄へ240万円投資をしていますね。つまりこの年は枠ギリギリまで投資しているってことですよね？

その通りです。その後に株価が上がっても、下がっても、枠には関係ありません。また、**年間上限の240万円ギリギリの投資をしていても、常に配当は非課税で受け取れる**点も覚えておきましょう。

配当を受け取ると240万円を超えるかもと、心配していたんですよ。**非課税投資枠と関係ないんですね。**なんだか得した気がします！

SECTION 04

隠れた「高配当銘柄」J-REITっていったいなんだ？

POINT

- ☑ 日本の不動産に投資しているのがJ-REIT
- ☑ 法人税の税制優遇があるため、5％以上の配当を見込める場合も！

P84で、「高配当銘柄」の日本株に注目とお話ししましたが、日本株以外でも高配当（高分配利回り）が狙える商品があります。

それってどんな商品ですか？　とっても知りたいです！

REIT（リート）（不動産投資信託）です。REITとは、オフィスビルや住居、商業施設などの不動産が投資対象の投資信託のことで、その賃料や売買益を投資家に分配する仕組みです。REITは証券取引所に上場していて、株式のように取引所の立会時間中に時価で売買されます。

どうして高配当が狙えるのですか？

REITは、不動産投資法人が発行しており、利益の90％超を投資家に分配すると法人税が免除される仕組みになっています。そのため、企業の利益から法人税が差し引かれた後に投資家に配当が支払われる一般企業の株式より、分配金が出やすいのです。その中で、**日本の不動産に投資し、証券取引所に上場している銘柄を「J-REIT」と呼びます。NISAで利用できるのはこのJ-REIT**です。

高い分配金を狙えるなんて魅力的ですね！

REIT（不動産投資信託）の仕組みは？

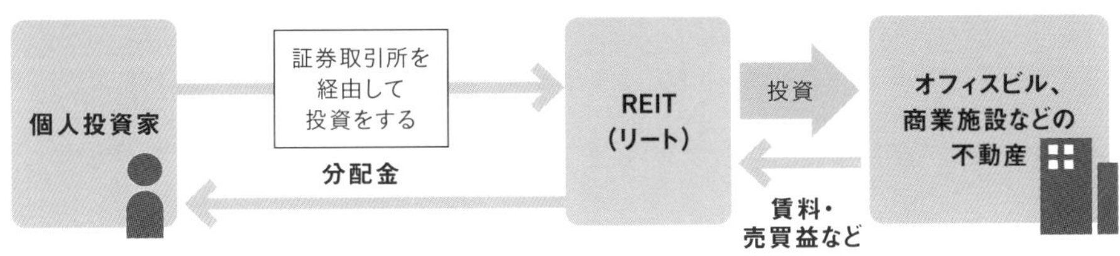

J-REITは1株から購入が可能です。株価（※）が50万円以上と高額なものもありますが、数万円で購入できるものも多くあるので、株式より少額で投資ができる場合もありますよ。**J-REITを長期間保有して、分配金を受け取っていけば、高配当株と同様に新NISAの非課税メリットを有効に活用**できます。

J-REITの銘柄を選ぶポイントはありますか？

J-REITはオフィス型、住宅型など、不動産の用途を絞って投資しているタイプがほとんどです。できれば、**住宅、オフィス、物流施設など複数銘柄を保有して、不動産の投資先を分散させること**をおすすめします。1つの銘柄でオフィス・住居・倉庫などのカテゴリーを組み合わせた「複合型・総合型REIT」を選ぶ方法もありです。

複合型・総合型なら1つの銘柄で幅広く投資できるってことか〜。

そうですね。また、J-REITの運用会社のスポンサー（親会社）が、大手商社など資金力のある企業であれば、その分優良物件を調達でき、利益を上げやすくもなるので、**スポンサー企業の規模もチェックしましょう。**

※正確には投資口価格というが、一般的に株価と呼ばれている

SECTION

05 なぜいま米国株が圧倒的に人気なの？

POINT

- ☑ 米国の企業は株主へ利益を還元する意識が高い。米国株は株主へのメリットが多数ある金融商品といえる
- ☑ 米国株は1株単位で購入可能で少額からの取引ができる

成長投資枠で利用できるいろいろな投資商品をもっと知りたいので米国株についても教えてもらえますか？

そうですね。**米国株は、日本株と比べて株主を意識した経営をしている銘柄が多い**といわれています。

それはどういうことですか？

経営層が株式の価値を上げる経営をしているという意味です。経営努力で業績が上がれば、株価が上がり、配当もたくさん出せます。企業の価値や規模を評価する目安の1つに「時価総額」(株価×発行済株式数)がありますが、この時価総額の**世界ランキングTOP10のうち、9個が米国の企業**です。時価総額が大きい企業ほど、資金力がありますから、設備投資や有能な人材確保、企業買収などが進み、さらに業績の成長が見込めることになります。

米国経済や米国株の強さの源はそこにあったんですね。

米国企業は、「株式会社は株主のもの」という意識が高く、**利益はなるべく株主へ還元しよう**と考えています。そのため、株主の利益追求を重視した、さまざまな特徴がみられます。

2023年世界時価総額ランキング

順位	企業名(カナ表記)	国名	時価総額(億ドル)
1位	アップル	米国	2兆6090
2位	マイクロソフト	米国	2兆1460
3位	サウジアラムコ	サウジアラビア	1兆8931
4位	アルファベット	米国	1兆3302
5位	アマゾン・ドット・コム	米国	1兆584
6位	エヌビディア	米国	6860
7位	バークシャー・ハサウェイ	米国	6756
8位	テスラ	米国	6564
9位	メタ・プラットフォームズ	米国	5494
10位	ビザ	米国	4753

※Bloombergのデータを基に著者作成。2023年3月31日時点

世界中の株式のTOP10のうち9つが米国。日本のトップ「トヨタ自動車」は世界39位です

株主の利益を追求……。頼もしいですね。具体的にどんなことをしているのですか？

「自社株買い」というものがあります。これは、企業が自社の株を買い戻すことです。自社株買いをすると、**市場に出回る発行済株式数が減るため、企業の利益総額が変わらなくとも、1株当たりの資産価値は上がる**ため、株価上昇につながります。株主から見ればその分、利益の分配が増えることにもなります。

なるほど。株の価値が上がるように企業側が積極的に働きかけをしているんですね～。

米国株は、**「ROE」(自己資本利益率)を重視している**点も特徴といえるでしょう。ROEとは、当期純利益を自己資本で割って100を掛けて算出します。この数値は、資本を効率よく運用できているかを表す目安で、結果、常に利益追及を目指しているかがわかる指標といえます。

経営効率が高ければ、利益向上にもつながりそうですね。利益が上がれば、結果的に高配当にもなりそうだな〜。

そうですね。このROEは、**一般的に日本企業と比べて米国企業のほうが高い**といわれています。

そのほかにも米国株の特徴はありますか?

はい。**米国には長期の「連続増配」の企業が多くある**ということがいえます。増配とは配当を前年より高く出すことです。

連続増配ってことは、長期間の保有によさそうだな〜。

例えば、米国株の連続増配を出している銘柄には、60年以上連続増配を続けているものもあります。

60年以上も! それはすごい!

米国株連続増配銘柄の例

ティッカー(※)	企業名(カナ表記)	連続増配年数	特徴
PG	プロクター・アンド・ギャンブル	66年	「P&G」ブランドなど各種一般消費財の製造を手掛ける企業。世界有数のシェア率を有している
MMM	スリーエム	66年	世界的な化学・電気素材メーカー。接着剤、医療用テープなど製品は多岐に渡る
KO	コカ・コーラ	61年	ノンアルコール飲料では世界最大級で、200カ国以上の国や地域で製品を展開している
JNJ	ジョンソン・エンド・ジョンソン	60年	総合ヘルスケア大手企業。ヘルスケア関連製品から医薬品まで手掛け、製品は世界展開している
CL	コルゲート・パルモリーブ	60年	日用品の大手企業で、歯磨き粉は世界首位。ハンドソープや食器用洗剤も手がける

※経済ジャーナリスト 和島英樹氏への取材を基に作成

日本の連続増配年数1位の花王と比べて、2倍近くの連続増配年数を誇る企業も!

※ティッカー:識別コードのこと(P100参照)

日本の連続増配企業第1位の花王は34年ですから、米国企業の熱心さがわかります。

ほかにも日本株との違いはありますか？

1年間の**配当回数が多いというのも特徴**で、**年4回という企業もざらにあります**。日本企業だと、年1～2回が一般的ですから。ただし、日本と違って株主優待制度はありません。

年4回！　配当金をコツコツ増やすことができそうだから、その点も魅力的ですね。

取引方法もいくつか違います(P100参照)。日本株の取引単位は、100株単位なのである程度まとまった金額が必要です。例えば、トヨタ自動車の株は最低投資額約36万円(※)です。一方、米国株は、1株単位で購入可能で、時価総額世界トップクラスのアップルやマイクロソフトの株でも数万円程度で購入できます。**少額から手軽に投資ができる点も米国株の魅力といえます。**

※2024年3月8日時点の株価

日本株と米国株の最低購入価格を比較

日本株

企業名	最低購入額
トヨタ自動車	約36万円
JR東日本	約87万円
ファーストリテイリング	約434万円
ソフトバンクグループ	約91万円
ソニーグループ	約129万円

米国株

企業名(カナ表記)	最低購入額
アップル	約2万5300円
アマゾン・ドット・コム	約2万6500円
マイクロソフト	約6万1300円
ナイキ	約1万4700円
アルファベット	約2万200円

※著者作成。1ドル＝150円で計算。2024年3月8日時点の株価から算出

SECTION
06 米国株と日本株はどう違う? 米国株の基本をチェック

POINT

- 米国株は「ティッカー」と呼ばれる銘柄コードで管理されている。取引するには、「外国株式取引口座」の開設が必要
- 取引通貨は「米ドル」のみ。円からドルへの両替に為替手数料がかかる

よし!　米国株を買うぞ!　日本株と同じ買い方でOKですか?

売買の流れの基本は同じですが、違う点もいくつかあります。

ぜひ、詳しく教えてください!

まずは、**外国株式取引口座の開設が必要**ということ。すでに、証券総合口座もNISA口座もお持ちであれば、自分の口座へログインして**「外国株式口座開設」**などのメニューから手続きすれば、すぐに開設できます。

わかりました。これは、それほど大変な手間ではないですね。

次に、銘柄の識別コードの存在です。日本では証券コード4桁で取引しますが、米国では、**「ティッカー」と呼ばれるアルファベットで銘柄を指定します**。また、株の取引時間は、現地時間の9時30分～16時になるので、**日本時間だと、23時30分～翌6時(サマータイム22時30分～翌5時)**と異なります。

なるほど。時差があるから、夜間になるのか。でも昼間働いている人の場合は、夜間に取引できるほうがよいこともありそうですね。

日本株と米国株の違いをチェック！

日本株		米国株
4桁の数字(※1)（証券コードという）	銘柄識別コード	アルファベット（ティッカーという）
100株	単元株（売買単位）	1株
あり	値幅制限(※2)	なし
9時～15時	取引時間（日本時間の場合）	23時30分～翌6時 ※サマータイムの場合は22時30分～翌5時
年1～2回が一般的	配当回数	年4回が一般的
日本円	取引通貨	米ドル

※1 2024年1月以降に設定される新規上場会社の証券コードからは英文字が組み入れられるようになった
※2 1日の売買における値動きの幅を価格水準に応じて一定に制限しているもの

もう1つ重要なポイントとしては、**取引通貨が米ドル**のため、円を米ドルに交換して取引することになります。ただし、**証券口座内で簡単に両替できる**ので、面倒な手続きは不要です。また、**ネット証券会社などでは、円決済での購入ができます。**

よかった！　それなら、安心ですね。

その場合は、米国市場約定日の翌国内営業日の午前10時の為替レートでドル換算されて金額が決まるなど、各証券会社のルールによって購入金額が決まります。また、両替でも円決済でも**為替手数料が、1ドルにつき0.25円（※）程度かかります**が、最近は、一定の条件で為替手数料が無料の証券会社もあります。

※金融機関によって異なります

SECTION 07

日本の投信より種類が豊富で手軽な「米国ETF」って何？

POINT

- ☑ 米国ETFは日本のETFと比べて投資対象の種類が豊富にある。特定の業種に細かく投資することも可能
- ☑ 保有時にかかるコストも低めで長期投資にも向いている

米国株の投資で、もう一つチェックしておきたい商品が「米国ETF（上場投資信託）」です。

投資信託だけれど、証券取引所に上場しているのですね？

はい、その通りです。株式と同じように、証券取引所が開いている間は値動きがあります。**購入単位は1株で、株式と同じく、「成行・指値」で取引します。**

米国ETFは、日本のETFよりよい点があるんですか？

ETFは、ほとんどの商品が株価指数に連動して運用される仕組みですが、米国ETFはその指数の種類が、日本のETFと比べて豊富にあるという特徴があります。

豊富にあるってことは、その分選択肢の幅も広がりますね。

そうですね。**世界中の株式、債券に連動する指数はもちろん、特定の業種や商品などに連動する指数もあります。**例えば、米国の半導体産業だけに絞ったものなどがあります。

米国ETFは豊富な種類の指数に連動している

主な指数のジャンル	内容
株式	全世界、先進国、新興国など世界各国の株式指数に連動する。米国の株価指数だけに連動するものや先進国でも米国を除くタイプもある
債券	国が発行する国債だけでなく、地方公共団体が発行する地方債、一般企業が発行する社債など、さまざまな種類の債券の指数に連動している
セクター（業種）・テーマ	情報技術、ヘルスケア、金融、公共事業など業種（セクター）、または水、AI、環境など投資ジャンルでテーマ分けされた指数に連動している
コモディティ（商品）	原油などのエネルギー、金・貴金属やトウモロコシや大豆などの農作物の各種商品の価格に連動している

よりジャンルを絞った指数の商品にピンポイントで投資できますね。

また、**日本では直接投資ができないものでも、米国ETFの利用で投資ができる場合もありますよ**。最近では、ビットコインに連動する指数のETF取引も始まっています。

米国株だと1企業の業績に左右されるけれど、複数の企業に投資ができれば、リスクの分散にもなるし、米国ETFに挑戦というのもありですね。

さらに運用コストが安いという特徴もあります。保有時にかかるコストをETFでは「経費率」と呼びますが、その**経費率が0.5％以下程度の銘柄が豊富にあります。投資信託の信託報酬より安いこともありますよ**。

SECTION

08 成長株の売買で儲けを狙うなら「課税口座」の利用も検討する

POINT

- 成長株の短期間の売買で儲けを狙う攻めの投資法の場合、NISA口座での長期運用は不向き
- 損益通算を利用すれば、課税口座でも税金を減らすことが可能

先生！　株式投資で、成長株に投資して売買益を狙う投資法は大損するリスクが高いから新NISAには不向きでしょうか？

そうとは限りませんが、私は、**成長株に投資して売買益を狙う場合は、新NISAを利用しません。**

えっ！　それはどうしてですか？

投資信託などを長い期間積み立てる投資法と違い、短い期間で売買益を狙う株式投資では、**株価が下がり続けている株を持ち続けるのはよくない**といわれています。投資上級者の場合、「株価が○％下落したら売却する」という一定のルールを決めて、上昇が見込めない株はすぐに手放します。この**損失が出た時に株を売却して損失を確定することを「損切」**といい、売却したお金で利益が期待できる有望株を買い直すことで、利益を効率的に得ることを目指します。

売買益を狙う投資は、損失のコントロールも重要なんですね。

でも、新NISAだと損益が出ている時に売却すると非課税優遇が受けられないから、**利益が出るまで持ち続けてしまって、結局投資枠を無駄遣いする、**なんてことになりそうですね。

そうなんです。そのため、私は売却益を狙う取引の場合は、課税口座で利用できる「損益通算」で税金を抑えるようにしています。

損益通算……。それはいったいなんでしょうか？

1年間に行った取引の損失と利益を相殺することで、プラスなら税金を支払い、マイナスなら税金を納める必要はなくなります。特定口座（源泉徴収あり）を選べば、証券会社が損益通算を自動でしてくれます。**大きな儲けを狙うなら、損するのは当たり前と考え、その損を最小限にとどめる工夫をする**のです。

つまり、儲かった分の税金を抑えて、損した分をカバーするってことですね。1つの方法として、覚えておきます。

課税口座内でできる「損益通算」って何？

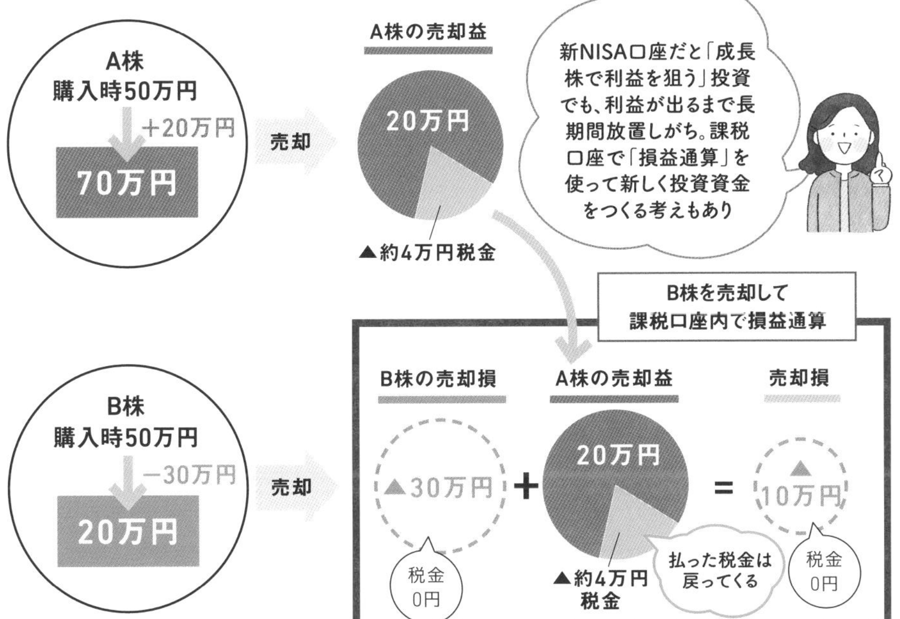

SECTION

09 「成長投資枠」での取引は手数料がかかる場合もある

POINT

- 成長投資枠でしか買えない投信は、売却時に「信託財産留保額」が発生する場合がある
- 米国株の配当金は、米国の税金が必ず徴収される

もう1つ、気をつけてほしいこととしては、成長投資枠を利用する場合、**つみたて投資枠とは違った手数料がかかることがあります。**

細かな費用でもばかにならないから、理解しておきたいです。

まず、成長投資枠でしか利用できない投資信託に対しては、**「信託財産留保額」**という費用があります。

それは、どんな費用でしょうか？

投信を売却する際にかかる費用のことで、**基準価額に対して指定された割合（右ページ参照）の金額が、売却時に差し引かれます。**例えば、信託財産留保額0.5％の銘柄を1万円で売却すると50円が差し引かれ、受け取る金額は9950円になります。

それは、成長投資枠でしか買えない投信すべてが対象ですか？

すべてではありませんが、意外と多いので、購入の際には必ず確認してくださいね。もう1つは、米国株取引にかかる税金です。

えっ！　新NISAを利用すれば、税金はかからないはずでは？

実は、米国株取引だけは、日本でなく米国での税金がかかります。

なるほど。**米国の税金だから、新NISAは関係ないのか〜。**

米国株取引の利益は、売却益と配当金がありますが、原則**売却益の税金は、国内のみでの課税なので新NISAで非課税**になります。一方、配当金は、米国で10%の税金が源泉徴収された金額を受けとることになるので、NISAの税制優遇は対象外。**この税金は必ず徴収されるので、配当金狙いで米国株に投資をする人は、注意が必要です。**

信託財産留保額のある投信の例

ファンド名	信託報酬	信託財産留保額
野村ー野村世界業種別投資シリーズ（世界半導体株投資）	1.65%	**0.3%**
HSBCーHSBC インド・インフラ株式オープン	2.09%以内	**0.5%**
SBIーSBI・UTIインドインフラ関連株式ファンド	1.854%程度	**0.3%**
三井住友TAMー世界経済インデックスファンド	0.55%	**0.1%**

ココが余分にかかる費用

米国株式投資にかかる税金の種類は？

利益の種類	日本での課税	米国での課税
売却益	**約20%（新NISAで非課税）**	なし
配当金	**約20%（新NISAで非課税）**	**10%**

日本での課税分は非課税でも米国での税金は取られる！

例えば…

配当金100ドルー税金10ドル（100ドル×10%）＝90ドル

実際の配当額

SECTION 10

日本株だって1万円で買える時代が来た！

POINT

- 100株単位でしか取引できない日本株でも、1株から購入可能なサービスがある
- 証券会社によっては日本株でも米国株でも自動積立購入ができる！

日本株もいろいろな銘柄を少額で買えたらいいと思いませんか。

そうですね。1万円とかでも投資できたらいいですね〜。

実は、それを可能にする方法があります。一般的に「**単元未満株**」取引と呼ばれるもので、1株単位から日本株に投資することができるサービスです。証券会社によっては、**1万円などの金額単位で取引することもできます。**

日本では、1単元（＝100株）を保有しないと、株主になる権利がないため配当を受け取れず、株主総会にも出席できないのでは？

その通りです。しかも、売買単位が100株なので、高額な資金が必要になります。ですが、一部の証券会社では、100株未満でも売買が可能です。それが「単元未満株」です。

ぜひやってみたいです。取引の際の注意点はありますか？

証券会社によって取り扱いのできる銘柄が異なります。上場銘柄すべての取引ができる証券会社はありません。

日本株を少額から買える「単元未満株」とは?

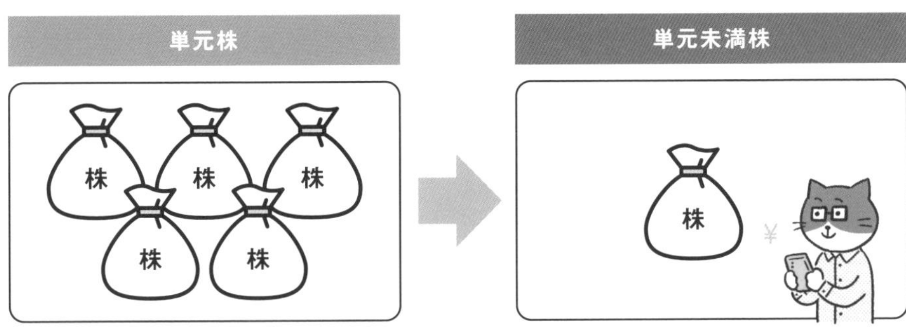

購入は100株単位で購入

購入は1株から購入できる

単元未満株のある主な証券会社は?

2024年2月15日時点

証券会社	SBI証券	楽天証券	マネックス証券	auカブコム証券
サービス名	S株	かぶミニ®	ワン株	プチ株®
取引単位	1株〜	1株〜	1株〜	1株〜
手数料	買付、売却無料	買付、売却無料	買付、売却無料 ※売却はキャッシュバックで無料	買付、売却無料
取引回数	1日3回	1日1回 (寄付取引) または リアルタイム	1日1回	1日2回
買付可能銘柄	東証上場銘柄全て	寄付取引:1575 リアルタイム:736	東証上場銘柄全て 名証上場銘柄全て	東証上場銘柄全て 名証上場銘柄全て

※新NISA口座の場合

また、ほとんどの証券会社で、リアルタイムでの取引はできず、約定のタイミングが、1日1回、2回などと決まりがあります。

コツコツ投資すると考えたら、リアルタイム取引ができなくても問題ないかも。でも配当や株主優待は一切ないんですよね?

いえいえ、単元未満株でも、配当は保有株数に応じて受け取ることができます。もちろん、新NISA口座なら税制優遇も受けられます。株主優待も基本的には受けられますが、単元株（100株）以上保有していないともらえない銘柄もあるので、注意しましょう。

配当を受け取れるのはうれしいですね。お気に入りの銘柄を毎月1万円ずつ購入して、いつかは100株（単元株）を目指すのもいいな。

一部の証券会社では、**単元未満株を自動で積み立てていく**ことができるサービスがありますよ。

それって便利ですね〜。

右ページに、単元未満株を積み立て購入できる証券会社の例をまとめました。設定できる内容は、証券会社によって異なりますが、積立単位（株数または金額）と毎月の積立日などを設定していくことで、自動で積み立てができます。

ほったらかしで、積み立てができれば投資信託みたいに、リスク分散ができるから、投資初心者でも株式投資に挑戦しやすそう！

また、個別銘柄の積み立てサービスという点では、米国株の積み立てサービスを取り扱う証券会社もありますよ。

日本株と同じように、積み立てができれば、配当金を受け取りながらチリツモで利益を得ることも期待できますね。

長期間コツコツ運用する場合は、時価総額が大きい銘柄や、連続増配している銘柄など、比較的安定的な大型株を狙って積み立てていくといいかもしれません。

日本株の積み立てができる証券会社の例

2024年2月15日時点

証券会社	楽天証券	auカブコム証券	SMBC日興証券	大和コネクト証券
サービス名	かぶツミ®	プレミアム積立®（プチ株®）	キンカブ	ひな株 定期買付
積立単位	3000円以上 1円or1株単位（※1）	500円以上 1円単位	100円以上 100円単位	1株単位
毎月の積立設定	日付指定： 1日～28日 曜日指定：月～金 増額月指定可能 （年2回まで）	日付指定： 1日～末まで 増額月指定可能 （年2回）	日付指定： 5日、10日、15日、 20日、25日	日付指定： 1日～28日、 毎日指定
手数料	買付、売却無料 （※2）	買付、売却無料	買付：100万円 以下無料　売却： 100万円以下0.5% ※スプレッドとして差引、 100万円超は1%	買付、売却無料 （※3）
買付可能銘柄	東証上場銘柄 名証上場銘柄	東証上場銘柄 名証上場銘柄	東証上場銘柄	指定の425銘柄

※新NISA口座の場合

※1：1株単位の積み立ては、「かぶミニ®」対象銘柄。それ以外は単元単位の積み立て
※2：単元未満株が含まれる場合、指定のスプレッドがかかる
※3：売買手数料は、無料。ただし、基準価格に取引コストとしてスプレッドをのせる方式

米国株・米国ETFの積み立てができる証券会社の例

2024年2月15日時点

証券会社	SBI証券	楽天証券	マネックス証券
サービス名	米国株式・ ETF定期買付サービス	米株積立	米国株買付サービス
積立単位	株数指定：1株以上、1株単位 金額指定： ①1セント以上1セント単位 （外貨決済） ②1円以上1円単位（円決済）	株数指定：1株以上1株単位 金額指定： ①1セント単位（外貨決済） ②1円単位（円決済） ※最低投資金額3000円相当額超	株数指定：なし 金額指定： 25米ドル以上、 1米ドル単位
毎月の積立設定	日付指定： 1日～30日から選択 曜日指定： 月曜日～金曜日から選択 ボーナス月設定： 年2回指定可能	日付指定： 1日～28日から選択 曜日指定： 月曜日～金曜日から選択 ボーナス月設定： 年2回まで指定可能	日付指定： 1～31日から選択 ボーナス月設定： 年2回指定可能
手数料	買付、売却無料	買付、売却無料	買付、売却無料
為替手数料 （円決済の場合）	買付、売却無料 ※リアルタイム取引の場合	買付：25銭、売却：25銭	買付：無料、売却：25銭

※新NISA口座の場合

SECTION

11 日本株や米国株の積み立ては投資の到達点を決める

POINT

- ✔ 株式投資の積み立ては、投資の到達点を決めてそれに向かって進めていくやり方もあり
- ✔ 株価は変動するので到達点までの期間や投資額は事前に決めなくてもよい

日本株や米国株の積み立て投資をする場合、投資の到達点を決めて投資する方法もおすすめです。

投資の到達点を決める？　それはどういうことですか？

右ページに**日本株と米国株、それぞれの具体的な到達点に合わせた積み立て例をあげました。日本株は、株主優待を受け取る場合と、連続増配の優良株の株主になるという目的**です。

積み立てのゴールがあるとがんばれそうです。

株主優待を受け取る例では、オリエンタルランドの場合500株必要なので、10株ずつ積み立てます。優良銘柄である花王の株主になる例では、株数指定で100株になるまで積み立てます。

オリエンタルランドは、500株保有しないと優待がもらえないんですね～。米国株の場合は、どんな目的になりますか？

米国株の場合は、1株でも10万円以上（※）する人気のエヌビディアの株を1株になるまで金額指定で購入する例と、配当狙いで連続増配のコカ・コーラを株数指定で120株まで積み立てます。

※株価は2024年3月8日時点

1株でも株価が10万円以上する場合もあるんですね。

そうなんですよ。ただし、株価が高くてもさらに成長が見込める株なら、保有するのはありです。

株式投資の積み立てで注意する点はありますか？

株価は常に変動しているので、例にあげた同じ期間、同じ金額で、ゴールまで到達するとは限りません。積立時の株価が高ければ、例と比べて株数指定では1カ月の投資額が高くなり、金額指定の場合は、積立期間が長くなります。この点を踏まえて、到達点までの期間を優先するのか、金額を抑えることを優先するのかどちらにするのかも考えて投資するようにしましょう。

日本株・米国株積み立ての到達点の例

JAPAN

¥ 日本株の場合

目標① オリエンタルランド（4661）の株主優待をGetしたい
（500株以上：「TDL」or「TDS」1Dayパスポート1枚

1カ月（10株指定）5万200円 × 50カ月（4年2カ月）積立期間 ＝ 500株 251万円

目標② 34期連続増配の花王（4452）の株主になる

1カ月（金額指定）1万円 × 56カ月（4年8カ月）積立期間 ＝ 100株 56万円

U.S.A

米国株の場合

目標① 株価の高いエヌビディア（NVDA）を1株保有する

1カ月（金額指定）1万円 × 14カ月 積立期間 ＝ $926×150円＝13万8900円

目標② コカ・コーラ（KO）を120株保有して配当を受け取る

1カ月（2株指定）$118.88×150円＝1万7832円 × 60カ月（5年）積立期間 ＝ 120株 $7132.8×150円＝106万9920円

3%の配当で年3万2000円

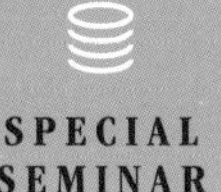

SPECIAL SEMINAR

フジコ先生の成長投資枠 おすすめ銘柄セレクション

成長投資枠では、株式投資をはじめ幅広く商品を選べるため、
何を選んだらいいのか迷ってしまうという悩みもあります。
フジコ先生がおすすめの銘柄をジャンル別にセレクトしました!

※株価は2024年3月8日時点

日本株

日本株は、業績が好調で高配当を期待できる銘柄をおすすめします。連続増配の花王や配当利回りが高めの日本たばこ産業に注目です。

銘柄	証券コード／上場市場	株価／最低投資金額	フジコ先生の一言ポイント
花王	4452／東証プライム	5640円／56万4000円	日用品、生活用品化粧品などのメーカーで馴染みのある企業です。2023年度には、34期連続増配を達成。配当利回りは3％前後あり、高配当銘柄の選択肢の1つです。年間2回配当があります
KDDI	9433／東証プライム	4647円／46万4700円	2003年3月期以降21期連続増配。年間配当額は約45.0倍に成長しており、配当利回りも3％と比較的高めです。今後、大きく化けるという銘柄ではありませんが、比較的安定しているといえます
日本たばこ産業（JT）	2914／東証プライム	3864円／38万6400円	たばこのイメージがありますが、食品や医薬品も取り扱う企業で、ここ数年は業績も株価も伸びている傾向にあります。配当利回りが異例の5%と高く、注目したい銘柄です
LIXIL（リクシル）	5938／東証プライム	1909円／19万900円	住宅設備機器の最大手メーカー。最低投資額20万円以下で買いやすい価格も◎。省エネ基準取り扱い住宅の製品など、国の省エネリフォーム施策にも関連しているため、今後も成長が期待できます

米国株

米国株は1株から購入できるので、時価総額の高い大型株を複数購入してリスクを分散しながら配当を受け取る方法もありです。

銘柄	ティッカー／上場市場	株価／最低投資金額	フジコ先生の一言ポイント
アップル	AAPL／NASDAQ	169USD／2万5350円	iPhone、Macなどの開発・販売を手掛ける企業。時価総額世界トップクラスで、過去10年以上連続増配の実績があることから、今後も成長が期待できます
マイクロソフト	MSFT／NASDAQ	409.14USD／6万1371円	WindowsやMicrosoft Officeのほか、パブリッククラウドAzureも世界トップシェアをもつ企業。パブリッククラウドは、社会のデジタル化の主要インフラとして重要度が増しているため、伸びしろがあります
コカ・コーラ	KO／NYSE	59.44USD／8916円	絶大なブランド力を持つ世界中で事業を展開する飲料メーカー。配当利回りは約3％と高水準で安定な運用が期待できます
プロクター・アンド・ギャンブル	PG／NYSE	160.62USD／2万4093円	「アリエール」「パンパース」「SKII」など日本でも馴染みのある商品を取り扱うメーカー。約180カ国で販売し、世界最大級の一般消費財メーカーで、連続増配60年以上と安定した銘柄です

※最低投資金額（円）は1ドル＝150円で計算（小数点以下切捨て）

銘柄選びに困ったら、
ぜひこの中から選んで
1銘柄に絞ってみて！

J-REIT

J-REITは、高配当銘柄が比較的豊富にある商品。配当利回り4%台の銘柄も多く、10万〜20万円台で購入できる銘柄も狙い目です。

銘柄	証券コード／上場市場	株価／最低投資金額	フジコ先生の一言ポイント
グローバル・ワン不動産投資法人	8958／東証REIT	10万7100円／10万7100円	東京圏中心の大型オフィスビル特化型のJ-REIT。明治安田生命、三菱UFJフィナンシャルグループ、近鉄グループがスポンサーで手堅い銘柄です。分配金利回りは5.00%
Oneリート投資法人	3290／東証REIT	25万1500円／25万1500円	中規模オフィスが投資対象の中心の銘柄。みずほ信託銀行をスポンサーとし、中期的に安定した収益の確保と資産の成長を目指しています。分配金利回りは5.11%です
インヴィンシブル投資法人	8963／東証REIT	6万3900円／6万3900円	ホテルと居住型を組み合わせたJ-REIT。ホテルはインバウンド利益を狙い、居住型で安定を目指せます。手が届きやすい投資額も魅力です。分配金利回りは、5.39%と高めです
日本プロロジスリート投資法人	3283／東証REIT	24万5600円／24万5600円	物流施設の開発・運用をする国際的大手の米国プロロジス・グループがスポンサーの銘柄です。物流施設特化型で、J-REITの中でも安定的な分野なので、リスクも低め。分配金利回りは4.15%
アドバンス・レジデンス投資法人	3269／東証REIT	30万円／30万円	伊藤忠グループをスポンサーとする住居特化型のJ-REITです。7割が東京23区の住居で優良物件が対象。住居特化型の分野では最大規模を誇りJ-REITの王道銘柄です。分配金利回りは3.94%

米国ETF

米国ETFは米国のさまざまな企業に連動する銘柄のほか、新興国へ投資する銘柄でリスクを取った攻めの運用をする方法もあります。

銘柄	ティッカー／連動する指数の種類	株価／最低投資金額	フジコ先生の一言ポイント
インベスコQQQトラストシリーズ1ETF	QQQ／米国株式	445.45USD／6万6817円	NASDAQ100指数に連動するETFで、GAFAMなど米国を代表する企業が組み入れられているため、S&P500に連動する銘柄より高いパフォーマンスを上げることもあります
iシェアーズ・ラッセル2000ETF	IWM／米国株式	206.96USD／3万1044円	ラッセル2000インデックス指数に連動して運用するETF。この指数は、米国株式市場の時価総額1001位〜3000位の小型株と連動しているため、日本ではあまり知られていない企業への投資に挑戦できます
iシェアーズ・コア米国高配当株ETF	HDV／米国株式	106.81USD／1万6021円	モーニングスター配当フォーカス指数を連動の対象としたETFです。この指数は、財務の健全性が高い銘柄で構成されているので、高配当の米国株式と同等の運用成績を目指しています
バンガードFTSEエマージング・マーケッツETF	VWO／新興国株式	41.83USD／6274円	FTSEエマージング・マーケッツ・オールキャップ（含む中国A株）・インデックス指数に連動。全世界の新興国の大・中・小型株に投資ができます。リターンが期待できる分、リスクもやや高めです
iシェアーズMSCI EAFE ETF	EFA／先進国株式	79.51USD／1万1926円	MSCI EAFE指数に連動するETFで、米国とカナダを除く全世界の先進国の大・中型銘柄で構成された指数と同等の運用成績を目指します。S&P500と連動する銘柄と組み合わせて投資するのがおすすめです

※最低投資金額（円）は1ドル＝150円で計算（小数点以下切捨て）

新NISA口座はどこが正解？ネット証券のベストチョイスは？

NISA口座は1人1口座しか持てないので、株式投資をするなら証券会社一択です。なかでもネット証券は、取扱商品が豊富で、手数料も割安、魅力的なサービスが満載。ここでは、4大ネット証券に絞って、そのサービスをご紹介します。

新NISAは、一生涯付き合っていくものだからNISA口座を開く金融機関は慎重に選んだほうがいいですよね？

そうですね。自分はどんな投資をしたいのか？　ということを踏まえて選ぶようにしましょう。

つみたて投資枠と成長投資枠の両方をやりたいです。

株式投資をするなら、「証券会社」でしか取引できません。証券会社には、店舗型とネット証券の2つがあります。店舗型は、個別に営業担当が付く場合もあって銘柄選びなどサポートを受けられます。一方、ネット証券は、担当者はつかず、銘柄選びは自分でする必要がありますが、その分手数料は店舗型より割安です。

ほかにも、取扱商品数が豊富だったり、投資によって、共通ポイントなどが貯まるから、“お得好き”なら、ネット証券がよさそうですね。

「お得」は見逃せない！　私もネット証券にしようかな。

右ページに証券会社を選ぶポイントをまとめました。さらにP118から、4大ネット証券のサービスを比較しています。

ネット証券を選ぶポイントは?

取り扱い商品の豊富さ

投資信託はもちろん、日本株の取り扱いもチェック。どんな投資をしたいのか明確なビジョンがないなら商品の豊富さで選ぶのもおすすめ

▶▶P118-119

貯まるポイントとサービスの内容は?

各社、投資信託を保有しているだけで、毎月ポイントが貯まるサービスがあります。付与率や取り扱い銘柄が異なるのでチェックは必須です

▶▶P120-121

手数料の安さ・入金のしやすさ

金融機関によっては株式投資に売買手数料がかかる場合も。ネット証券は手数料が安いのも魅力です。証券口座へ現金を移動させる必要があるので、入出金のしやすさもポイント

▶▶P118-119

外国株の取り扱いの豊富さ

株式投資を利用する人は、外国株の取り扱いもチェック。各社取り扱い対象国や、売買手数料が異なります。自分が投資したい対象国があるかを事前に確認しましょう

▶▶P122-123

クレカ積立のお得度の高さ

投資信託をクレカで積み立てる「クレカ積立」決済でポイントが貯まります。各社ポイント還元率が違うのでお得なところをチェックしましょう

▶▶P124-125

日本株・米国株積立の有無

金融機関は限られますが、日本株、米国株の個別株投資でも積み立てが可能。値動きに左右されずにコツコツ積み立てることができます

▶▶P118-119

SPECIAL SEMINAR

4大ネット証券の基本を比較

（2024年2月15日時点）

証券会社名	SBI証券	楽天証券
投資信託取扱本数	多め 取扱総数：2575本 つみたて投資枠対象：219本 成長投資枠対象：1167本	多め 取扱総数：2558本 つみたて投資枠対象：221本 成長投資枠対象：1125本
投資信託売買手数料	買付・売却ともに無料	買付・売却ともに無料
日本株取扱	東証・名証・札証・福証	東証・名証
日本株売買手数料	手間なし 買付・売却ともに無料	手間なし 買付・売却ともに無料
自動入出金（スイープ）対応金融機関	住信SBIネット銀行 SBI新生銀行	楽天銀行
即時入金対応金融機関（ネットバンキング）	住信SBIネット銀行など13行	楽天銀行など14行
銀行への出金タイミング（手数料無料の場合）	15時30分までの指示で翌営業日振込 ※SBI新生銀行の場合は即日振込	15時30分までの指示で翌営業日振込 ※楽天銀行の場合は即日振込
積立投資（新NISA口座の場合）	投資信託・米国株	投資信託・日本株・米国株

証券会社選びのポイントの1つは、**自分が投資したい商品・銘柄があるか**ということ。特に投信積立をするのに、その証券会社でお目当ての投信の取り扱いがないと希望する投資ができませんよね。

投資信託の銘柄総数を比較すると、**SBI証券、楽天証券がやや多め**。ただし、**NISA対象銘柄については、つみたて投資枠はほぼ同数**で、成長投資枠対象の投資信託の場合は、auカブコム証券が若干少なめです。

日本株は、楽天証券のみ札幌・福岡などの地方市場に単独で上場している銘柄が対象外ですが、他３社はすべて取り扱いがあります。また、日本株の場合、一般的に取引に対して売買手数料がかかりますが、**NISA口座を利用するなら各社すべて無料**です。ただし、auカブコム証券の場合は、指定の

	マネックス証券	auカブコム証券
	取扱総数：1756本 つみたて投資枠対象：217本 成長投資枠対象：1101本	取扱総数：1750本 つみたて投資枠対象：218本 成長投資枠対象：981本
	買付・売却ともに無料	買付・売却ともに無料
	東証・名証・札証・福証	東証・名証・札証・福証
	買付・売却ともに無料 手間なし	買付・売却ともに無料 ※1日定額手数料コース。約定代金100万円までの場合
	ー	auじぶん銀行
	三菱UFJ銀行など18行	auじぶん銀行など12行
	15時までの指示で翌営業日振込 ※SBI新生銀行・イオン銀行の場合は即日振込 マネックスカード会員の場合は、月5回まで即日振込可能	13時30分までの指示で即日振込 三菱UFJ銀行は15時30分まで （※ゆうちょ銀行は対象外）
	投資信託・米国株	投資信託・日本株

コースを選択するなど条件があります。

入出金のしやすさもポイントの1つ。**入金は即時入金ができたほうが、取引チャンスを逃しません。**即時入金は、提携銀行のネットバンキングを利用すれば、各社とも無料に。出金は、auカブコム証券のみ無料で当日出金ができます。ただし、他3社も指定銀行であれば、当日無料で出金できます。

また、SBI証券、楽天証券、auカブコム証券は、指定の銀行口座と連携すれば、入出金の手続きが不要となるサービスがあります。これは、買付すると自動で証券口座へ入金され、売却代金も自動で銀行口座へ出金されるサービスです。

SPECIAL SEMINAR

投資信託を保有しているだけでもポイントが貯まる!

（2024年2月15日時点）

証券会社名		SBI証券 種類豊富	楽天証券
貯まるポイント		Vポイント、Tポイント、Pontaポイント、dポイント、PayPayポイント、JALマイルより選択	楽天ポイント
投資信託	対象条件	インターネットコース（コールセンターコース含む）を利用し、投資信託を保有している	楽天証券が指定する対象の投資信託を保有している
	対象銘柄総数	2548 対象多め	6
	ポイント付与率	付与率は月間平均保有金額・銘柄により変動 【1000万円未満】 通常銘柄：0.10% SBIプレミアムセレクト銘柄：0.15% 【1000万円以上】 通常銘柄：0.15% SBIプレミアムセレクト銘柄：0.25% 【その他指定銘柄】 銘柄毎に指定された付与率	①楽天・オールカントリー株式インデックス・ファンド：0.017% ②楽天・S&P500インデックス・ファンド：0.028% ③楽天・先進国株式（除く日本）インデックス・ファンド：0.033% ④楽天日経225インデックス・ファンド：0.053% ⑤楽天NASDAQ-100インデックス・ファンド：0.05% ⑥楽天・SOXインデックス・ファンド：0.05%
	ポイント付与日	原則翌月11日（休日の場合は翌営業日）	原則翌々月末
その他ポイントが貯まるサービス		・金・プラチナの購入 ・FX取引 ・お友達紹介　など	・国内株式、外国株取引 ・お友達紹介　など

各証券会社とも、**投資信託を保有しているだけで自動的にポイントが付く「投信保有ポイントサービス」**があります。保有残高が増えるほどポイントが貯まっていくうれしいサービスですが、対象銘柄やポイント付与率は各社で違いがあります。

例えば、楽天証券の対象銘柄は6つのみ。ほかの証券会社では取り扱いのない、楽天独自の低コスト・インデックスファンドに限定して楽天ポイントが付きます。他の3社（SBI・マネックス・auカブコム）は対象銘柄が幅広く、大人気の銘柄「オルカン(※)」を含む**eMAXIS Slimシリーズはほとんど対象**です。

	マネックス証券	auカブコム証券
	マネックスポイント	Pontaポイント
	投資信託を保有している	auIDを登録し、投資信託を保有している
	1733 対象多め	1750 対象多め
	付与率は銘柄により変動 【通常銘柄】 0.08% 【指定銘柄】 0.03% 【その他の銘柄】 銘柄毎に指定された付与率	付与率は対象投信の前月(営業日)の月間平均保有金額・銘柄により変動 【通常銘柄】 100万未満：0.05% 100万円以上3000万円未満：0.12% 3000万円以上：0.24% 【指定銘柄】 0.005%
	原則月末最終営業日の翌日	毎月月末頃
	―	―

ただし、どこもポイント付与率は高コストのアクティブファンドほど高く、低コストのインデックスファンドほど低く設定されています。商品ごとのポイント付与率は必ずチェックしましょう。

低コストインデックスの中で、比較的ポイント付与率が高いのはSBI証券です。例えば人気の「eMAXIS Slim バランス(8資産均等型)」は0.05%、「eMAXIS Slim米国株式(S&P500)」は0.0326%と、他証券より若干高めです。また、SBI証券は、貯まるポイントを自分で選ぶことができ、Vポイント以外でもdポイントやTポイント、PayPayポイントなどがあります。

※eMAXIS Slim 全世界株式(オール・カントリー)のこと

SPECIAL SEMINAR

外国株式の取り扱いを比較!

(2024年2月15日時点)

証券会社名		SBI証券	楽天証券
購入可能外国株	米国株	総数5206銘柄 成長投資枠対象:5206銘柄 No.1	総数4317銘柄 成長投資枠対象:4317
	中国株	総数1314銘柄 成長投資枠対象:1307	総数1586銘柄 成長投資枠対象:1582
	米国ETF	総数393銘柄 成長投資枠対象:242	総数397銘柄 成長投資枠対象:247
	その他の外国株対象国	韓国、ロシア、ベトナム、インドネシア、シンガポール、タイ、マレーシア	シンガポール、タイ、マレーシア、インドネシア
売買手数料(NISA口座の場合)	米国株	買付・売却ともに無料	買付・売却ともに無料
	中国株	中国ETF:買付・売却ともに無料 中国株:1回の取引につき約定代金の0.286%(税込) ※上限517香港ドル	中国ETF:買付・売却ともに無料 中国株:1回の取引につき約定代金×0.275%(税込) [上限5500円(税込)] ※20万円までの取引は手数料550円(税込)
	米国ETF	買付・売却ともに無料	買付・売却ともに無料

成長投資枠を利用して、日本株以外にも米国株やその他の外国株へ投資することもできます。P96〜103でご説明した通り、**米国株や米国ETFはおすすめ商品**なので、自分が投資したい銘柄があれば、取り扱いの有無を確認しましょう。何に投資したいのか決まっていなければ、取り扱い数が多い会社を選択するのもいいでしょう。米国株の取り扱い数トップはSBI証券で、米国ETFが多いのはマネックス証券です。auカブコム証券は他社と比べて取り扱い数がぐっと少なくなります。

また、SBI証券、楽天証券、マネックス証券の3社は、米国以外の外国株の取り扱いがあります。3社とも中国株は対象で、SBI証券と楽天証券は、

	マネックス証券	auカブコム証券
	総数4616銘柄 成長投資枠対象:4616	総数1597銘柄 成長投資枠対象:1550
	総数2587銘柄 成長投資枠対象:2587	—
	No.1 総数401銘柄 成長投資枠対象:246	総数291銘柄 成長投資枠対象:193
	—	—
	買付・売却ともに キャッシュバックで無料	買付・売却ともに 無料
	買付・売却ともに キャッシュバックで無料 オンリーワン	—
	買付・売却ともに キャッシュバックで無料	買付・売却ともに 無料

中国株以外の外国株の取り扱いがあります。

中でもSBI証券は最多の9カ国の市場に上場している株を購入できます。外国株取引の場合、売買手数料がかかり、各社で異なりますが、米国株の売買手数料は、NISA口座取引なら各社とも無料です。中国株については、マネックス証券のみ無料で、他2社(SBI証券、楽天証券)の場合は、中国ETFのみが無料。中国株の取引の場合は手数料がかかります。その他の外国株については、1回の取引に対してそれぞれ手数料が設定されています。

手数料は、売買するたびにかかるので、短期間で売買を繰り返したり、高額な取引をしたりすると、その分コストが高くなるので注意しましょう。

SPECIAL SEMINAR

投資信託のクレカ積立でポイントはどのくらい貯まる?

(2024年2月15日時点)

証券会社名	SBI証券	楽天証券
クレジットカード	三井住友カード	楽天カード
貯まるポイント	Vポイント	楽天ポイント
ポイント還元率	三井住友カードNL:0.5% 三井住友カードゴールドNL:1.0% 三井住友カードプラチナ:2.0% 三井住友カードプラチナプリファード:5.0%	楽天カード:0.5% 楽天ゴールドカード:0.75% 楽天プレミアムカード:1% ※代行手数料年率0.40%未満の商品の場合
カード年会費(消費税込)	三井住友カードNL:永年無料 三井住友カードゴールドNL:5500円 三井住友カードプラチナ:5万5000円 三井住友カードプラチナプリファード:3万3000円	楽天カード:永年無料 楽天ゴールドカード:2200円 楽天プレミアムカード:1万1000円
つみたて投資枠取扱い銘柄数	219	221
クレカ積立可能額(月額)	100円〜10万円	100円〜10万円

投資信託を「クレカ積立」で購入すれば、投信保有ポイントとは別に、**決済額に応じたポイントが貯まります**。現時点でポイント還元率NO.1は、5%のSBI証券・三井住友カードプラチナプリファード。例えば毎月5万円の積み立てで年間3万円相当のVポイントが貯まります。ただし、**カードの年会費3万3000円(税込)が必要**です。

一般カードの場合、還元率NO.1はマネックス証券・マネックスカード。常時1.1%のポイント還元があり、年1回以上の利用でカードの年会費は無料(※)になります。貯まったマネックスポイントはアマゾンギフトカードやdポ

	マネックス証券	auカブコム証券
	マネックスカード ※2024年夏頃dカード®も開始予定	au PAY カード
	マネックスポイント	Pontaポイント
	1.1% （2024年9月30日までの還元率：2023年9月までにNISA口座を持っている場合は1.5%・2023年10月以降にNISA口座を開設した場合は2.2%）	1% （auマネ活プラン加入の場合1.5%、さらにau Pay ゴールドカード&NISA口座保有者は3%［2年目以降は2%］）
	無料 （次年度以降は、年１回以上の決済利用で無料）	au PAYカード：無料 （次年度以降は、年１回以上の決済利用または、au PAY カードに登録されている auID に紐付く au 携帯、au サービスなどの利用で無料） au PAY ゴールドカード：1万1000円
	212	218
	1000円～10万円	100円～10万円

イントなど、他社ポイントに交換できるので使い勝手もよいです。auカブコム証券・au PAYカードも常時1%と還元率が高め。年会費も年1回以上の利用などで無料（※）になります。

クレカ積立で覚えておきたいのが、**月額上限が10万円**ということ。つまり、つみたて投資枠の上限である月額10万円がぴったり使えます。楽天証券のみ、楽天カードから「楽天キャッシュ」にチャージして決済できるので、2つの決済を併用すると15万円分の積み立てまでポイントが貯まります。

※1年目は無条件で無料

COLUMN 株価の動きを知る

株価の値動きがわかる「ローソク足」ってどんなもの？

「ローソク足」とは一定期間における株価の始値・高値・安値・終値を表したものです。チャートを見る際はこのローソク足に注目することで、株価が上がっているのか、下がっているのか、横ばいなのかという**大まかな相場の流れを確認することができます。**

ローソク足には白い四角の「陽線（ようせん）」と黒く塗りつぶされた「陰線（いんせん）」の2種類があります。終値が始値よりも高い状態、すなわち株価が上昇した時は陽線が表示され、終値が始値よりも低い状態、すなわち株価が下落した時は陰線が表示されます。四角から上下に伸びている線はヒゲと呼ばれ、ヒゲの先端がそれぞれ高値と安値を表しています。投資上級者になるとローソク足の形状を参考に売買タイミングを見極められるようになりますが、初心者のうちは**「白は値上がり」「黒は値下がり」**とざっくり覚えておきましょう。

ローソク足の見方

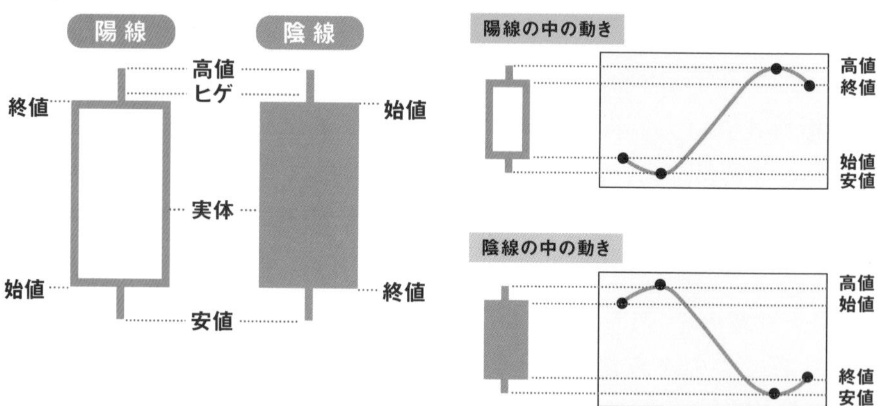

第5章

世代別・家族構成別
新NISA最強活用術

いつまでに、どのくらいのお金が必要なのかは、人それぞれ事情が違うもの。新NISAの賢い運用法を世代別・家族構成別にご紹介します。

SECTION 01

つみたて投資枠の商品は「全世界株式型」か「バランス型」が基本

POINT

- ☑ 基本は、「全世界株式型」で米国を中心に世界中の経済成長の波に乗る
- ☑ 長期間の運用ができない、資産を大きく減らしたくないなどの場合は「バランス型」で安定運用を目指す

つみたて投資枠で利用できる商品って、厳選されているといっても、280本以上(2024年2月29日時点)もあるから、何を選んだらいいのか悩みます。商品を選ぶポイントはありますか?

つみたて投資枠で利用できる投資信託は、主に「株式型」と「バランス型」の2つがあります。**株式型はリスクもありますが、その分リターンも期待できるので、基本的には「株式型」を選択することをおすすめします。**

株式型といっても全世界とか先進国、新興国など種類がいろいろありますよね。先生的に「コレ」というものはありますか?

私がおすすめしたいのは「全世界株式型」です。世界中の株が投資対象ですが、**米国株式が60%を占めているので、経済大国・アメリカの成長の波に乗ることができます。**それに、日本も含めた世界各国の株式に分散されているので、米国が不景気になってもほかの国が経済成長していればリスクを抑えられます。常に、米国が大きく伸びていくとは限りませんからね。

たしかに、世界中の国が対象だから、今後、米国以外の国の経済が伸びた時にもリターンを期待できそうですね。

つみたて投資枠の商品は何を選ぶ?

■ 基本は全世界株式型を選ぶ(全世界株式型の構成例)

〈対象インデックスの国・地域別構成比率〉

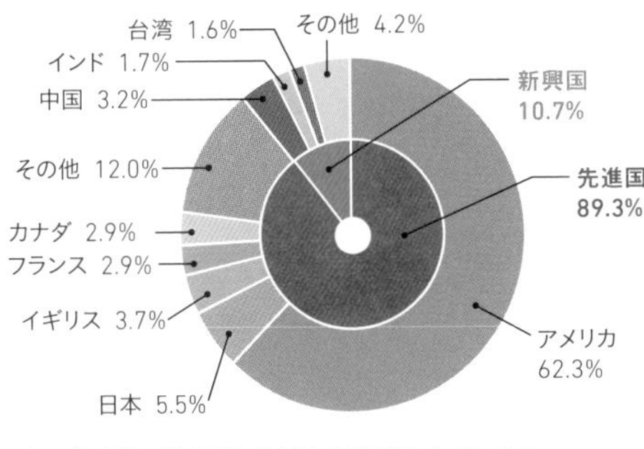

・表示桁未満の数値がある場合、四捨五入しています。
・MSCI Inc.のデータを基に三菱UFJアセットマネジメント作成
(2023年9月末現在)

先進国・地域 (23カ国・地域)

アメリカ	オランダ	フィンランド
日本	デンマーク	ノルウェー
イギリス	スウェーデン	イスラエル
フランス	スペイン	アイルランド
カナダ	イタリア	ポルトガル
スイス	香港	ニュージーランド
ドイツ	シンガポール	オーストリア
オーストラリア	ベルギー	

新興国・地域 (24カ国・地域)

中国	インドネシア	フィリピン
インド	タイ	チリ
台湾	アラブ首長国連邦	ギリシャ
韓国	マレーシア	ペルー
ブラジル	カタール	ハンガリー
サウジアラビア	クウェート	チェコ
南アフリカ	ポーランド	コロンビア
メキシコ	トルコ	エジプト

■ 運用期間が短いならバランス型(8資産均等タイプの基本投資割合)

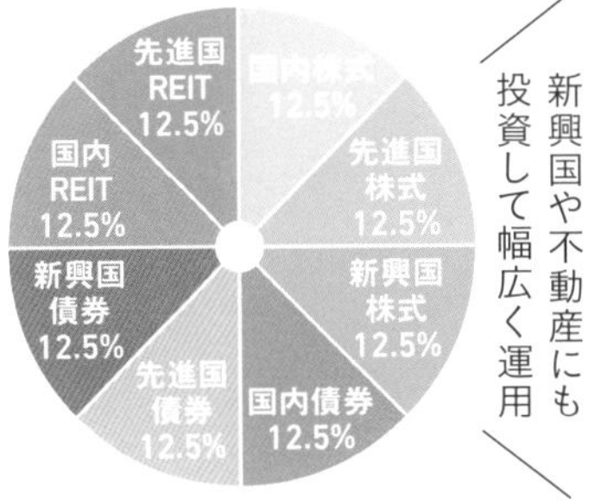

株式型よりも安定した運用が期待できるので短期間の運用をしたい人におすすめ!

ただし、運用期間が10年以下など短い期間しかとれない場合や、大きく資産が減るのは困る人は、「バランス型」を選びましょう。

株式だけでなく、債券、不動産にも投資するタイプでしたっけ?

そうです。なかでも、8つの資産に均等に分散投資できる「8資産均等タイプ」のバランス型投信がおすすめ。株式型より安定的な運用が期待できますよ。

SECTION

02 「成長投資枠」は年齢によって投資の仕方を変える

POINT

- ☑ 20代～40代は、投資信託も株式投資も積み立てながら積極運用を目指す
- ☑ 50代以降は、高配当銘柄の保有で配当金を受け取る方法もあり

成長投資枠の商品選びのポイントも知りたいです。**つみたて投資枠より積極的な運用を目指す商品を選ぶ**べきですよね？

必ずしもそうとは限りませんよ。P66でお話しした通り、成長投資枠は、一括投資も積立投資もできます。投信選びでも、つみたて投資枠の商品も対象です。積極的な運用の商品を選ぶというより、商品の選択肢の自由度が広がるので、**自分のライフプランに合わせて商品を選んでいく**といった考え方が適しています。

選択肢の自由度が広がる……ってことは選ぶ悩みも広がりそう。

例えば、投資を始める年齢によって運用期間が変わるので、年齢で選ぶ商品を決める方法もありますよ。

具体的には、どんな風に考えればいいですか？

20代～40代の場合、投資信託は、積極運用ができる株式型をメインに。成長投資枠では、日本株はもちろん、「インド株」や「米国ETF」など、攻めた商品を選ぶのもありでしょう。また**株式投資をする場合でも、一括買いより積立投資のほうが向いています。**

年齢別の成長投資枠活用法は?

20代〜40代	50代〜60代
□日本株・米国株などを積み立てる □つみたて投資枠対象投信(株式型)を積み立てる □成長投資枠対象投信(株式型)を積み立てる	□高配当の日本株・米国株に投資して、配当を受け取りながら保有し続ける □バランス型や債券型投信を積み立てる

人によっては40代までは、住宅購入や教育費などの大きな出費があるので、積立投資で時間の分散(P22参照)ができる投資法がいいってことか。

確かに。一括で何十万も投資できる時期ではないですもんね。50歳以降は、どんな商品を選んでいけばいいですか?

50代〜60代以降は、積み立てで少しずつ増やすよりも、**高配当銘柄を保有して、配当金を受け取る**という方法がいいかもしれません。例えば、配当利回り5%の銘柄を500万円保有していれば、毎年25万円の配当金を非課税で受け取れます。

配当金を少しずつでも受け取ることができれば、年金だけでは足りない分の助けになりそう。

そうですね。20代〜40代のうちに積み立てていた**投資信託を利益が出ているタイミングで売却して、高配当銘柄を買い直す方法もあり**です。もちろん積み立てを続けるのもOK。その場合は、運用期間が短くなってくるので、比較的リスクが低い「バランス型」や「債券型」の投資信託で安定運用を目指すようにしましょう。

SECTION 03 case1 20代・独身①

まずは預貯金100万円! つみたて投資枠で月1万円

POINT

- ☑ 貯蓄ゼロでの投資はNG。投資は余裕資産で始めるのが基本
- ☑ 毎月1万円の少額からスタート。投資の勉強がしたいなら複数の銘柄に分けて投資するのもあり

24歳・独身・会社員
年収300万円
貯蓄額50万円
賃貸マンション暮らし

ここからは、年代・職業・家族構成別のポートフォリオを見ていきましょう。Case1は20代・独身の場合です。1人暮らしで貯蓄が50万円あります。

お金を自由に使える時期ですね。でも、無計画に使い過ぎてお金がないってこともありそう。

そういう人も少なくないと思います。ですが、投資を始めるにはよい時期です。最大の強みは、「時間を味方につけられる」ということ。損をしても取り戻す時間がありますからね。また、長期間の積み立てが可能で、資産が増えるチャンスも高くなります。

そうか！　なるべくたくさん投資したほうがいいのかな？

ここで注意したいのは、**貯蓄がゼロなのに投資をする**ケース。この例は、貯蓄が50万円ですから、定期預金などで貯蓄額100万円を確保することから始めます。投資額は無理のない範囲で。つみたて投資枠だけで、毎月1万円を積み立てます。

Case1のおすすめのポートフォリオ

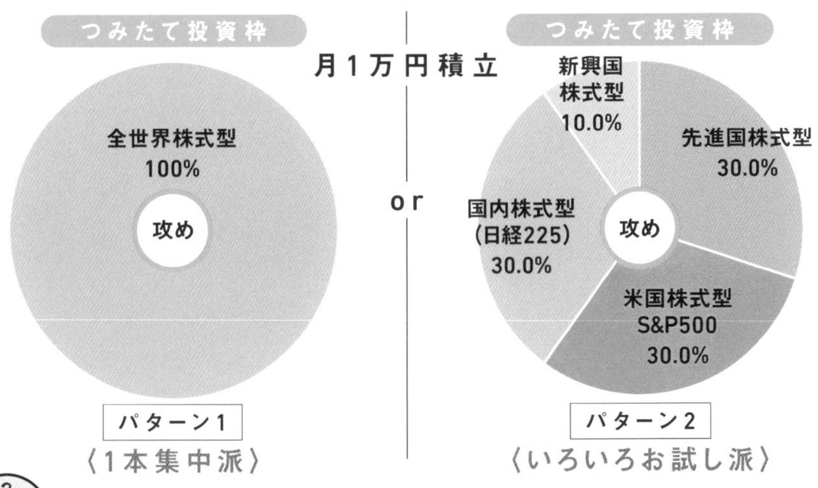

具体的に、どんな商品を選ぶとよいのでしょうか?

手間をかけずに1本で済ませたいなら全世界株式型に100%投資します。いろいろ試してみたい人は、先進国、米国、日本、新興国と4種類の株式に分散投資するという方法もいいでしょう。

種類の違う株式に投資すれば、投資の勉強になりそう。

今後は、収入が上がったり、家族構成が変わったりなど変化に合わせて投資額や投資対象を見直していくようにしてくださいね。

Case1 月1万円の積み立てでつくれる資産は?(年間12万円)

期間		20年後	25年後	30年後	35年後
想定利回り	3%	327.6万円	444.5万円	580.1万円	737.2万円 +317.2万円
	5%	407.5万円	588.2万円	818.8万円	1113.1万円 +693.1万円

※カシオ計算機「keisan」積立計算で試算。手数料、税金等は考慮していません。実際の投資結果とは異なります

SECTION 04

case2 20代・独身②

結婚資金を成長投資枠の国債ファンドで準備する

POINT

- ☑ 使い道が決まっていないなら、攻めの運用でリターンを狙う
- ☑ 1〜2年先に使う資金は、リスクが低い安定的な運用ができる商品で投資する

28歳・独身・会社員
年収400万円
貯蓄額300万円
賃貸マンション暮らし

Case2も、20代・独身ですが、近いうちに結婚の予定があり、その資金も確保したいケース。貯蓄は300万円あります。

お金を使う時期はわかっているけど、運用期間がほとんどなさそうですね。運用方法はどうしますか？

そうですね。結婚資金は短期運用になるので、貯蓄の利用をメインに考えます。**新NISAは、基本的に将来のお金のための運用**に。つみたて投資枠で、月2万円を全世界株式型に100%投資します。

将来のお金のための運用ということは、結婚した後に必要になってくる住宅購入費や教育費に使うためのお金ということですね？

はい。このケースの場合、**お金の使い道が明確になっていないので、攻めの運用でリターンを狙います。**必要になったら、一部売却したあとに、また積み立てて長く運用していくようにしましょう。

Case2のおすすめのポートフォリオ

つみたて投資枠
月2万円積立

成長投資枠
月3万円積立

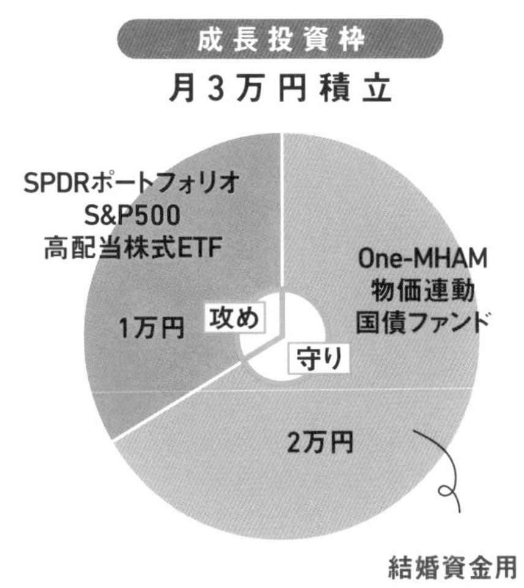

結婚前から投資を始められたら理想的ですね。成長投資枠は月3万円積み立てていますが、どんな商品を運用しましょうか？

結婚資金が貯蓄で不足した場合の保険として、**2万円を債券型の投信で安定運用を目指します**。結婚資金に使わず、すぐに使わないお金なら株式型の積極運用に変えるのもありです。**残りの1万円は、いわゆるチャレンジ枠。例えば投資の勉強として、損得を考えずに自分が試してみたい銘柄を選んでみる感じです**。また、個別株に積み立てをしていくという方法でもいいと思いますよ。

Case2 月5万円の積み立てでつくれる資産は？(年間60万円)

期間		15年後	20年後	25年後	30年後
想定利回り	3%	1134万円	1638.4万円	2223万円	2900.9万円 (+1100.9万円)
	5%	1329.7万円	2037.6万円	2941.1万円	4094.2万円 (+2294.2万円)

※カシオ計算機「keisan」積立計算で試算。手数料、税金等は考慮していません。実際の投資結果とは異なります

SECTION 05 case3 30代・共働き・夫婦

夫は超積極運用、妻は慎重運用でバランスを取る

POINT

- ☑ フルタイムでガッツリ働ける時期は、投資額を増やして積極運用を目指す
- ☑ ライフステージに合わせて積立額を減らす・中断するようにする

夫・32歳・会社員
妻・30歳・フリーランス
世帯年収700万円
（夫400万円、妻300万円）
世帯の貯蓄額500万円
賃貸マンション暮らし

Case3は、30代で共働きの夫婦です。賃貸マンションに暮らしていて、子どもはいません。夫は会社員で、妻がフリーランスで働いています。

これから、マイホーム購入や子どもを持つ予定なら、教育費もかかるし**大きな出費が控えているタイミング**ですね。

家の購入や子どもを持つ予定があるなら、短～中期的にまとまったお金が必要になってきます。一方で、子どもがいないこの時期は、2人ともフルタイムで目一杯働ける時期でもあります。このケースの場合は、貯蓄が500万円あるので、マイホーム購入の資金はある程度確保できていることが予測できます。

子どもが生まれると、働ける時間も制限される可能性もあるので、この時期にがんばって稼いで、投資額も増やせるとよさそうですね～。

Case3のおすすめのポートフォリオ

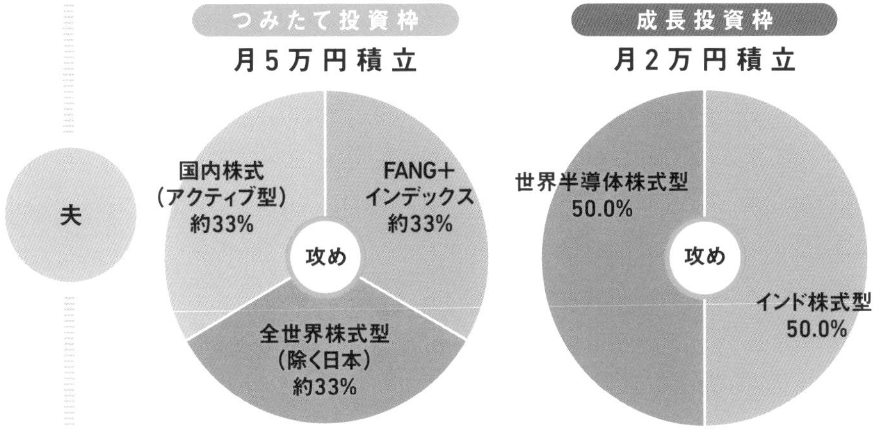

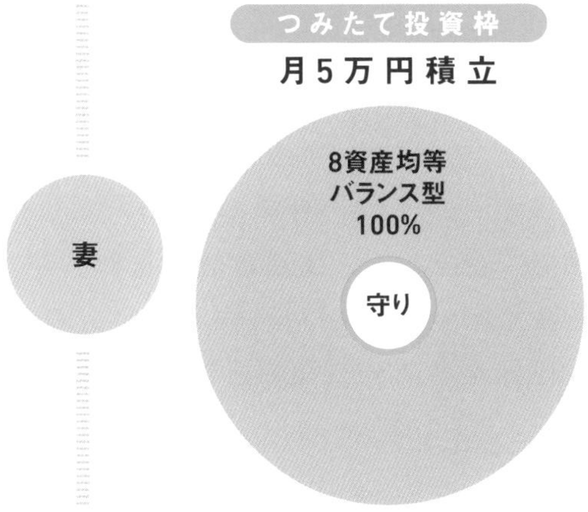

夫

つみたて投資枠
月5万円積立（攻め）

- 国内株式（アクティブ型）約33%
- FANG+インデックス 約33%
- 全世界株式型（除く日本）約33%

成長投資枠
月2万円積立（攻め）

- 世界半導体株式型 50.0%
- インド株式型 50.0%

妻

つみたて投資枠
月5万円積立（守り）

- 8資産均等バランス型 100%

夫の運用リスクを妻の安定的な運用でカバーする戦略です！

そうですね。2人がフルタイムで働けて、余裕資産が見込める場合は、**積極的な運用を目指す商品を選んで、リターンを狙っていく**ことをおすすめします。

2人で働いていた分、どんどん投資に回すということですね。具体的にどのくらい投資をしていけばいいのでしょうか？

夫は、つみたて投資枠で月5万円、成長投資枠で月2万円を積み立てます。妻もがんばって、つみたて投資枠で月5万円を目指しましょう。

妻もフルタイムで働いていますが、夫より投資金額が控えめなのは、理由がありますか？

妻はフリーランスなので、**会社員の夫より社会保障が手薄**になります。そのため投資に回すお金は少なめにして、貯蓄などで確保しておいたほうが働けなくなった場合のリスクに備えることができます。

収入や貯蓄額だけじゃなく、**働き方も意識することが大切**なんですね。具体的にどんな商品を選ぶといいのでしょうか？

夫は、超積極運用を目指します。つみたて投資枠では、国内株式のアクティブ型投信と、米国のIT企業などの株価指数に連動するインデックス型投信、日本を除く全世界株式型投信の3つに分散投資します。成長投資枠は、世界半導体株式型の投信とインド株式型の投信にそれぞれ50%ずつ投資します。

超積極運用は、資産が増えるかもしれないけど、その分大きく減る可能性も高くなりますよね。これから大きな出費もあることを考えると、少し怖い気がします。

そこで夫の運用リスクを抑えるために、**妻は安定的な運用を目指す**のです。つみたて投資枠で、8資産均等バランス型へ100%投資することをおすすめします。

なるほど。夫婦2人の世帯であれば、2人合わせて運用法を考えていけば、どちらかが超積極運用したとしても、バランスが取れるということですね。

このケースの場合、お金の使い道がはっきりとは決まっていないので、夫は超積極運用をしています。ですが、子どもが生まれて教育費が必要になれば、もう少し安定的な全世界株式型投信などに変更していくほうがいいと思います。**目指す運用や商品選びは、資産の使い道に合わせて適宜変えていくことがポイント**になります。

ずっと同じ商品じゃなくても、いいんですもんね。商品はいつでも変更できるし、見直しは大切ですね。

はい。**投資額も家計の状況に合わせて変更します**。例えば、妊娠・出産で仕事を休まなければならないこともあります。妻がフリーランスの場合、会社員と比べて収入が途絶える期間が長くなるので、一時中断して保有だけ続けていってもよいでしょう。

Case3 月12万円の積み立てでつくれる資産は?(年間144万円)

期間		10年後	15年後	20年後	25年後	→ 10年間保有する	35年後
想定利回り	3%	1677.6万円	2721.7万円	3932.2万円	5335.4万円		約7100万円 (+3500万円)
	5%	1860.2万円	3191.4万円	4890.4万円	7058.8万円		約1億1400万円 (+7800万円)

※カシオ計算機「keisan」積立計算、複利計算で試算。手数料、税金等は考慮していません。
実際の投資結果とは異なります。NISAの生涯投資枠の上限は、夫婦2人合計で3600万円まで

新NISAは、自由に中断、復活ができます。
中断しても、保有を続けていくことで
資産が増えるチャンスが高まります

SECTION 06 case4 40代・自営業・夫婦

夫婦でつみたて投資枠を老後用、成長投資枠を教育用に積み立て

POINT

- ✓ 教育費を投資で賄う場合、運用期間の長さによってリスクやリターンを考える
- ✓ 成長投資枠でもリスクの低い安定的な商品を選ぶことはできる

夫・44歳・自営業
妻・42歳・パート
(子ども14歳、10歳)
世帯年収700万円
(夫600万円、妻100万円)
世帯の貯蓄額500万円
持ち家(マンション)暮らし

Case4は、40代の夫婦。子どもが2人いて、夫は自営業、妻はパートで働いています。

子どもが2人いる家庭は、教育費の負担が大きそうですね。しっかり貯めないと。

子どもがいる家庭は、**共働きかどうか、住宅購入費(頭金)や教育費などを確保するめどが立っているかの確認も必要**です。

確かに、2人分の収入があるのとないのとでは、使えるお金に差がありますね。

この例では、夫が自営業、妻はパートなので、会社員の共働きより社会保障が手薄です。その点も踏まえて投資額を考えます。

でも持ち家だし、500万円の貯蓄があるから、この時期としては、余裕がある気もします。

Case4のおすすめのポートフォリオ

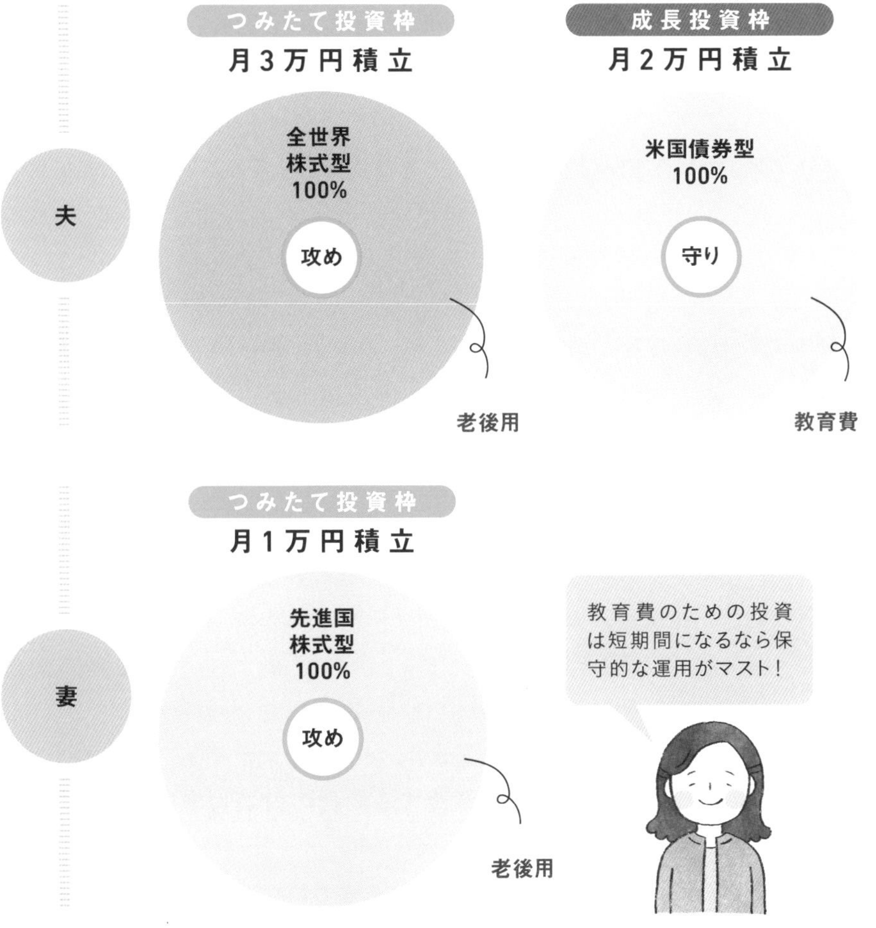

夫

つみたて投資枠
月3万円積立

全世界株式型100%
攻め
老後用

成長投資枠
月2万円積立

米国債券型100%
守り
教育費

妻

つみたて投資枠
月1万円積立

先進国株式型100%
攻め
老後用

教育費のための投資は短期間になるなら保守的な運用がマスト！

その考え方は危険です。この例では、子どもの教育費がかかるタイミングが、すぐそこまで迫っています。教育費のピークは大学入学時といわれていますから、上の子の場合は約4年、下の子でも約8年しか運用期間が取れません。貯蓄の500万円は、元本保証のある定期預金などに預けておくほうがいいでしょう。

投資したお金をいつ使うのかも大事なんですね。

教育費を投資した資産で準備したいと考えるなら、子どもが生まれてすぐに始めれば、運用期間を18年間は確保できます。ただ、P56で解説した通り、必要なタイミングに必ずしも利益が出ているとは限りません。

そうでした。投資は増えることもあるけど、減ることもあるんですよね。つい、積み立てさえすればいいと思い込んでしまいます。このケースでの投資額の目安はどのくらいになりますか？

夫は、つみたて投資枠で3万円、成長投資枠で2万円を投資します。妻は、つみたて投資枠で1万円投資します。教育費はあくまでも貯蓄をメインに。投資は不足分を補うという戦略です。

具体的には、どんな商品を選ぶといいのでしょうか？

夫は、成長投資枠で、教育費の不足を補う費用として、米国債券型の投信に100%積み立てます。債券型は、つみたて投資枠対象外ですが、バランス型よりリスクが低い安定的な商品です（P80参照）。でも、超低金利の貯蓄よりは、リターンが期待できるので、使う時期が数年先と短期で運用する場合の投資に向いています。

成長投資枠でしか利用できない商品でも、つみたて投資枠対象商品よりもリスクが低い商品があるんですよね～。

そして、もし教育費に使わなければ、そのまま保有を続けて老後費用にするのもおすすめです。使う時期を先送りにするなら、株式型の積極的な運用を目指す商品に変えるのもありです。

教育費は安定運用で、老後費用ならもう少し時間があるからリスクを取れるということですね。つみたて投資枠は、どうしましょう？

つみたて投資枠は、2人とも老後費用としての投資です。夫は全世界株式型に、妻は先進国株式型に、それぞれ100%投資します。

2人とも積極的な運用を目指す商品なんですね。

老後資金のための投資は、65歳までは働くことを前提とすれば、20年以上の運用が見込めます。そのため、40代から始められれば理想的です。積極運用の株式型でも、全世界株式型や先進国株式型であれば、20年以上の長期運用でリスクを抑えられます。

このケースの場合、2人とも会社員じゃないから、老後の備えのために、早めに投資を始めたほうがよさそうですね。

そうですね。ただし、**教育費の確保が十分にできていないなど、直近でまとまった出費がある場合は、少額から始めること。**余裕ができたら少しずつ投資額を増やしていくようにしましょう。

Case4 月6万円の積み立てでつくれる資産は？（年間72万円）

期間		10年後	15年後	20年後	25年後
想定利回り	3%	838.8万円	1360.8万円	1966.1万円	**2667.7万円** +867.7万円
	5%	930.1万円	1595.7万円	2445.2万円	**3529.4万円** +1729.4万円

※カシオ計算機「keisan」積立計算で試算。手数料、税金等は考慮していません。実際の投資結果とは異なります。
NISAの生涯投資枠の上限は、夫婦2人合計で3600万円まで

40代から少額でも老後の資産形成が始められれば、老後2000万円問題もクリアできるかも!?

SECTION

07 case5 40代・共働き・高収入夫婦

夫は株の一括投資に挑戦、妻は米国株をコツコツ積み立て

POINT

- ☑ 生涯投資枠は、最短・最速で一杯にすると投資効率が上がる
- ☑ 個別株投資も積み立てを選べば値動きを確認する必要はない

夫・42歳・会社員
妻・42歳・会社員
(子ども10歳)
世帯年収1800万円
(夫1000万円、妻800万円)
世帯の貯蓄額1500万円
持ち家(戸建て)暮らし

Case5は、40代の共働き夫婦。2人とも会社員としてフルタイムで働いていて、10歳の子どもが1人います。

貯蓄額も多いし、余裕資産がある世帯ってことですね。

はい。Case4と同じように、持ち家なので、住宅購入費(頭金)を支払った後、1500万円の貯蓄があります。

子ども1人だから、教育費も見通しがたっていそうですね。

そうですね。このケースの場合、2人とも会社員なので、社会保障も手厚く、年収も高めです。このケースの**目指す戦略は、なるべく早く生涯投資枠を一杯にして、大きい金額を長く運用していく方法**です。

長期間コツコツ積み立てなくてもいいのですか?

Case5のおすすめのポートフォリオ

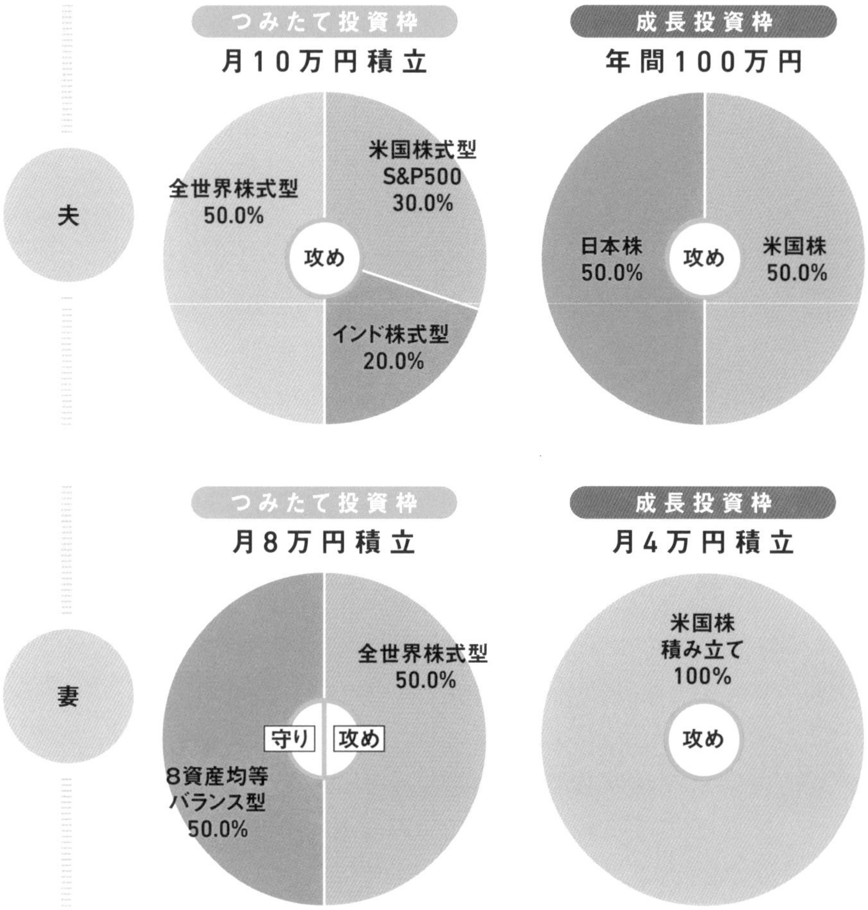

夫

つみたて投資枠
月10万円積立

- 全世界株式型 50.0%
- 米国株式型 S&P500 30.0%
- インド株式型 20.0%

攻め

成長投資枠
年間100万円

- 日本株 50.0%
- 米国株 50.0%

攻め

妻

つみたて投資枠
月8万円積立

- 全世界株式型 50.0%（攻め）
- 8資産均等バランス型 50.0%（守り）

成長投資枠
月4万円積立

- 米国株積み立て 100%

攻め

長期・分散・積立でリスクを回避しながら運用していくのが投資の王道。ですが、大きくした元本をより長く運用していくほうが利益が増えて、**その分非課税メリットも大きくなりますよ。**

ムムム。わかったような、わからないような……。もう少し具体的にメリットを教えてください。

わかりました。まず、前提として元本が大きいほうが複利効果は大きくなります。仮の計算になりますが、夫婦合わせて月30万円をNISA口座で投資していくと、夫婦合わせた生涯投資額は、3600万円（1800万円×2人）ですので、10年間で生涯投資枠の上限に到達します(※)。**仮に3600万円を3％で運用すれば、10年で約4800万円、20年で約6500万円になります。**

使い道が決まっていない余裕資産があるなら、なるべく投資に回して後は、長期でほったらかすという方法もあるんですね。

投資の基本は積み立てですが、その後、ただ保有して増やす戦略もありなんです。もちろん、運用の間は資産が目減りすることもあることは理解しておきましょう。また、**必要なタイミングでいつでも売却することが出来るので、使い道が決まっているなら利益が出たタイミングで売却する**ことをおすすめします。

具体的には、どんな風に運用していけばいいのでしょうか？

夫は、つみたて投資枠で月10万円、成長投資枠では、日本株、米国株に50万円ずつ年間100万円投資をします。つみたて投資枠で選ぶ商品は、全世界株式型に50％、米国株式型に30％、インド株式型に20％の積み立てで、リターンを狙います。

つみたて投資枠は、超攻めの運用ってことですね。

はい。その代わり、妻は、つみたて投資枠で8資産均等タイプのバランス型と全世界株式型に50％ずつ。バランス型を組み込んで安定運用を目指します。

※実際の生涯投資枠の上限は、1人につき1800万円と決まっているので、夫婦で合計することはありません。

成長投資枠はどうしましょう?

米国株に投資しますが、一括投資ではなく、毎月4万円ずつ積み立てていくことをおすすめします。

夫が積極運用でリスクを取る一方で、妻の投資で安定運用を目指して、夫婦でバランスを取る戦略ですね。

その通り! **夫の日本株と米国株も一括買いではなく、積み立てていく方法を選ぶのもあり**です。

購入のタイミングを気にする必要がないから、積み立てていく方法のほうが気軽に投資できそうです。

この例では、夫が50歳で生涯投資枠が一杯になります。その後、保有し続ければ老後の資産になるでしょう。ただし、**年齢が高くなってきたら、バランス型などの安定的な運用を目指せる商品に変更する**ことを検討するといいでしょう。

Case5 月30万円の積み立てでつくれる資産は?(年間360万円)

期間		5年後	10年後	→ 10年間保有する →	20年後
想定利回り	3%	1942.3万円	4194万円		約5600万円 +2000万円
	5%	2043.1万円	4650.6万円		約7500万円 +3900万円

※カシオ計算機「keisan」積立計算、複利計算で試算。手数料、税金等は考慮していません。実際の投資結果とは異なります。
NISAの生涯投資枠上限は夫婦の合計額。株の一括買いは、12で割って月額8万円を積み立てるとして試算

SECTION **case6** 40代・独身・会社員

08 つみたて投資は外国株式に積み立て 成長投資枠は配当狙いに集中

POINT

- 親の介護や、自分が働けなくなるなどライフプランの変動にも対応できるような資産づくりを考えよう
- 新NISAの生涯投資枠の上限に達した後も投資をするなら、課税口座で運用することも考える

44歳・会社員
年収600万円
貯蓄額800万円
持ち家（分譲マンション）暮らし

Case6は、40代・会社員・独身の場合です。年収が600万円で、800万円の貯蓄があります。

独身だから、自分のお金は自由にコントロールできる人が多いですよね。40代なら貯蓄もありそうだし、比較的家計に余裕があるケースかな？

そうですね。独身の場合、基本的には年齢に限らず自分で稼いだお金は自由に使い道を決めることができます。40代になると、社会人生活も長くなるので、家計に余裕があるといえるでしょう。

子どもがいなければ教育費がかからないから、その分出費は少なくなりますね。でも、頼れる家族がいない場合、自分に何かあった時は、1人でなんとかしないといけないですよね。

そうですね。働けなくなった場合、収入が途絶える可能性もあります。その場合の**備えはしっかりとしておきたい**ところです。

Case6のおすすめのポートフォリオ

つみたて投資枠

月10万円積立

全世界株式型
50.0%

攻め

米国株式型
S&P500
50.0%

60歳を過ぎたら、
売却して、少しずつ
「成長投資枠」で高配当銘柄に
積み立て投資をしていく

成長投資枠

年間100万円

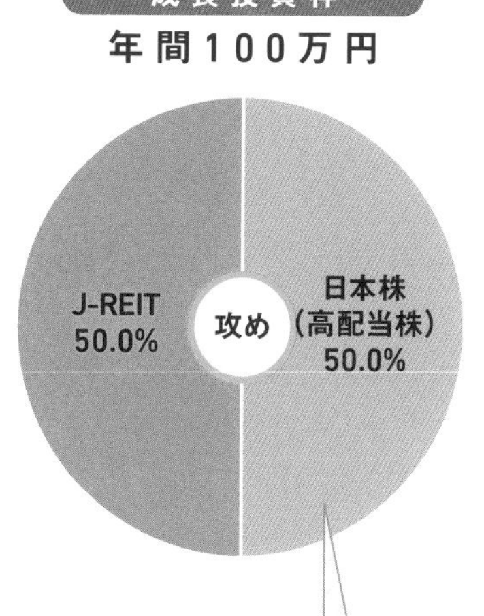

株は保有し続けて、配当金を年金の補てんとして利用。
例えば元金800万円なら
配当利回り5%として
年間40万円の配当を受け取れる

それに、親の介護が必要になることもあるし、結婚してライフステージが変わることだってありますよね。

その通り。まさに、**自分の老後も含めこの先の人生の資産形成をしっかり考える時期**です。この先、何が起こっても対応できるように、どんなことにお金がかかるのかを予測して、態勢を整えておくことがポイントになります。

40代ならまだ働き盛りだから収入も安定していますよね。ここからしっかり投資をしていけば、人生100年時代にも備えられそう。このケースの具体的な投資プランはどうなりますか？

このケースの場合、40代で収入も安定していて、貯蓄もある程度確保できているので、つみたて投資枠は、上限額一杯まで利用します。毎月の積立額10万円のうち全世界株式型50%、米国株式型S&P500に50%ずつ投資します。

つみたて投資枠は積極運用ですね。老後の資産形成のつもりであれば、長期間の運用ができそうですね。

はい。老後のお金であれば、運用期間20年は確保できます。成長投資枠の投資額は、年間100万円に。株式投資の一括買いで、J-REIT、日本株の高配当株に50%ずつ投資します。

日本株は一括買いじゃなくて、積み立てでも問題ないですか?

どちらでもOKです。**このケースでは、高配当株の保有額をある程度確保して、配当金の受け取りを狙います。**受け取った配当金は、老後の生活費として、年金の不足分を賄う想定です。

なるほど。高配当銘柄の保有金額を大きくして、配当金をコツコツ受け取っていくってことか。

例えば、毎年100万円を8年間、高配当銘柄に投資したとします。その結果8年後に、配当利回りが5%の銘柄を800万円分保有していれば、年間約40万円の配当を非課税で受け取れることになります。

このケースだと、44歳から投資を始めて、8年後は52歳だから、まだ働いていて収入がありますよね。その場合、生活費の不足分に使う必要はなさそうだから、また投資に回せますね?

そうですね。その場合、注意する点があります。このケースの場合、2つの枠の合計で年216万円(※)投資していますから、約8年で生涯投資枠の上限(1800万円)に到達します。そのため、受け取った配当金で投資する場合は、「課税口座」で運用することになります。

※株の一括買いは12で割って月額8万円を積み立てるとして試算

しまった！　税金がかかってしまうのか！

ただし、売却すれば翌年は非課税枠が復活するので、つみたて投資枠の商品を売却して、空いた非課税枠分の高配当株を購入していけば、配当の受取額を増やせる可能性もあります。

なるほど。新NISAの恒久化と、投資枠の再利用ができるメリットを活かしていけば、成長投資枠の1200万円までは高配当株を増やしていけるってことですね。

はい。もちろん、生涯投資枠が一杯になったあと、売却せずにそのまま長期間保有していく方法もありますよ。ほったらかしで、複利効果で資産を増やしていくことができます。

Case6　月18万円の積み立てでつくれる資産は？(年間216万円)

期間		5年後	8年後	10年間保有する → 18年後
想定利回り	3%	1165.4万円	1951.9万円	約2600万円 (+872万円)
	5%	1225.8万円	2118.4万円	約3400万円 (+1672万円)

※カシオ計算機「keisan」積立計算、複利計算で試算。手数料、税金等は考慮していません。実際の投資結果とは異なります。

40代の収入が安定している
うちは、投資額を増やすことで
老後の資産形成が有利になりますよ

5
世代別・家族構成別 新NISA最強活用術

SECTION case7 50代・定年前夫婦

09 上の子が大学を卒業したら積立額を増額してラストスパート

POINT

- 50代からの投資でも最低、15年以上運用期間を確保できるように心がける
- 安定運用が見込める商品からスタート。積極運用の商品は、長期運用を目指して、使うタイミングは老後の後半へ

夫・51歳・会社員
妻・50歳・パート
(子ども20歳、17歳)
世帯年収850万円
(夫750万円、妻100万円)
世帯の貯蓄額500万円
持ち家(分譲マンション)暮らし

最後のケースは、50代以降の資産運用のポートフォリオを解説していきますね。

子どもがいる世帯の場合、この年代だとそろそろ子どもが独立するタイミングですね。教育費も必要なくなるし、家計に余裕が少し出てくるのかな？

その半面、お金が全然ないという時期でもあるんです。

ムムム……。子どもが独立して一段落するけど、**教育費で資産を使い果たしてしまった場合も考えられる**ってことですね〜。これからは、老後のお金も必要になるし、どうやって運用していけばいいのか悩みますね。

そうなんです。もちろん、子どもの人数や進路によって異なりますが、このケースでは下の子がまだ高校生なので、教育費を優先させる必要があります。

Case7のおすすめのポートフォリオ

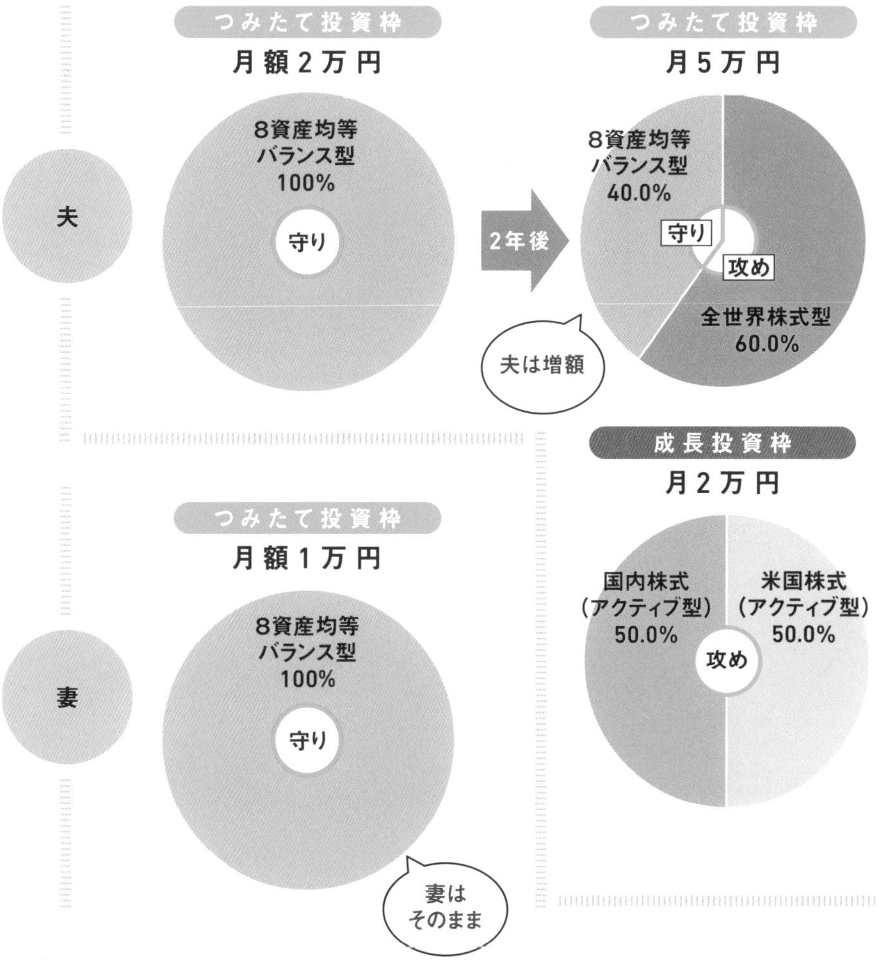

夫

つみたて投資枠
月額2万円

8資産均等バランス型 100%（守り）

→ 2年後

つみたて投資枠
月5万円

8資産均等バランス型 40.0%（守り）
全世界株式型 60.0%（攻め）

夫は増額

成長投資枠
月2万円

国内株式（アクティブ型）50.0%
米国株式（アクティブ型）50.0%
（攻め）

妻

つみたて投資枠
月額1万円

8資産均等バランス型 100%（守り）

妻はそのまま

でも、「人生100年時代」で老後は長いから、老後資金もできるだけ早く準備を始めないといけない感じもしますよね……。

その不安、わかります！ 50代は**老後の資産形成に向けてラストスパート**をかけるべき年代。そのため、教育費の目途がたち、家計に余裕ができたらなるべく早く投資を始めて、65歳までは働き続けることを前提とした、投資プランを考えます。

新NISAは一生涯できるから、50代でも一刻も早くスタートして、少しずつでも積み増しできるように意識しておくことが大切ですね。

そうなんです！　このケースでは、貯蓄が500万円ありますから、下の子の大学費用は貯蓄をメインにして、教育費が2人分かかる時期の投資額は最小限にします。そして、**上の子が大学を卒業したら投資額を増やすという戦略**を立てましょう。

具体的な運用方法はどうしたらいいですか？

まずは、家計に余裕はないので、つみたて投資枠のみでスタート。夫は月2万円、妻は1万円ずつ積み立てていきます。

50歳からでも運用期間は長くとらないとダメですよね？

その通りです。繰り返しになりますが、**最低でも15年以上運用したいので、65歳まで続けるのはマスト**です。大きく資産が減らないようにバランス型の8資産均等タイプでリスクを抑えた安定運用を目指します。

投資額を増やすタイミングと運用はどのようになりますか？

上の子が大学を卒業した時、つまり夫が53歳の時に投資額をぐっと増やします。

ここから、老後の資産形成のラストスパートですね～。

はい。夫のつみたて投資枠を5万円、成長投資枠2万円の合計7万円に増額しましょう。**成長投資枠はやや攻めの運用**にします。

どうして攻めの運用なんですか？

成長投資枠は**70歳以降の介護費用などに使うことを想定しているからです**。日本・米国株式のアクティブ型投信でリターンを狙います。つみたて投資枠の全世界株式型も攻めの運用なので、使うタイミングは老後の後半に。老後の前半に使う場合は、運用期間が短くなるので、バランス型の8資産均等タイプから使います。

妻は、商品も金額も変えずに**バランス型で安定運用を続け**、老後資金に活用するんですね。ちなみに、夫は会社員なので、退職金でまとまったお金が入ったら投資額を増やしたほうがいいですか？

退職金が入ったからと、一気に投資額を大きく増やすのはNG。老後も住宅リフォームや子どもの結婚資金援助など、決まって出ていく費用があるからです。これらの費用を確保しても余裕があれば、積み立て投資額を増やすようにします。

Case7　月8万円の積み立てでつくれる資産は？（年間96万円）

期間		5年後	10年後	15年後
想定利回り	3％	517.9万円	1118.4万円	**1814.5万円** +374.5万円
	5％	544.8万円	1204.1万円	**2127.6万円** +687.6万円

※カシオ計算機「keisan」積立計算で試算。手数料、税金等は考慮していません。実際の投資結果とは異なります

キーワードINDEX

A-Z

あ

か

な

は

や

ら

EPILOGUE

おわりに

さまざまな改善がされた新NISAですが、もっとも大きな変更点は何でしょうか？　私は原則、一生涯非課税であること、つまり、「恒久化」だと思っています。

人生100年時代などと呼ばれるようになりましたが、実際、学校を卒業して、社会人になると、本当にさまざまなお金がかかります。20〜30代だと結婚や子育て資金、マイホーム購入や子どもがいればその学費、自分のスキルアップや転職・独立のための資金も必要です。しかも、そうしたライフイベント費を使ったあとに、自分の老後資金も貯めなければいけません。

今までの日本人は、こうした資金を財形貯蓄や積立定期預金で主に準備していました。しかし、ここ20年の低金利で、積み立て貯蓄をしてもなかなかお金が増えない時代になりました。また、終身雇用制度が崩れて、退職金なども期待できなくなりました。時代が大きく変わる中、「日本人だけがなぜこんなに貧乏なの？」と多くの人が疑問に思っているのも確かです。その解決策の1つが、欧米では一般的な投資法の積み立て投資だったのです。

その仕組みを取り入れたのが、新NISAです。しかも、今回の恒久化で、50代、60代でも手持ち資金で積み立て投資ができるようになりました。つまり、老若男女全員が資産形成の手段として、今すぐ利用すべき制度だといえるのです。投資の最大の味方は「時間」です。今から始めて、一生続けるのが新NISAだと心得て、付き合っていきましょう。

2024年3月1日　経済ジャーナリスト　酒井富士子

著者紹介

酒井富士子（さかい・ふじこ）

経済ジャーナリスト・ファイナンシャルプランナー／金融メディア専門の編集プロダクション・株式会社回遊舎代表取締役。
日経ホーム出版社（現・日経 BP）にて「日経ウーマン」「日経マネー」副編集長を歴任。リクルートの「赤すぐ」副編集長を経て、2003年から現職。「お金のことを誰よりもわかりやすく発信」をモットーに、暮らしに役立つ最新情報を解説する。
著書に『マンガと図解でよくわかる 新 NISA&iDeCo& ふるさと納税［増補改訂２版］ゼロからはじめる投資と節税入門』（インプレス）、『60分でわかる！ 新 NISA　超入門』（技術評論社）、『知りたいことがぜんぶわかる！ 新 NISA & iDeCo の超基本』（小社刊）などがある。

お金の増やし方がぜんぶわかる！
新NISA超活用術

2024 年 4 月 30 日　第1刷発行

著　者　酒井富士子
発行人　土屋　徹
編集人　滝口勝弘
編集担当　神山光伸
発行所　株式会社Gakken
〒141-8416 東京都品川区西五反田 2-11-8
印刷所　中央精版印刷株式会社

●この本に関する各種お問い合わせ先
・本の内容については、下記サイトのお問い合わせフォームよりお願いします。
https://www.corp-gakken.co.jp/contact/
・在庫については　Tel 03-6431-1201（販売部）
・不良品（落丁、乱丁）については　Tel 0570-000577
学研業務センター　〒354-0045 埼玉県入間郡三芳町上富 279-1
・上記以外のお問い合わせは　Tel 0570-056-710（学研グループ総合案内）